BEI GRIN MACHT SICH IHR WISSEN BEZAHLT

- Wir veröffentlichen Ihre Hausarbeit, Bachelor- und Masterarbeit

- Ihr eigenes eBook und Buch - weltweit in allen wichtigen Shops

- Verdienen Sie an jedem Verkauf

Jetzt bei www.GRIN.com hochladen und kostenlos publizieren

Michael Holzwig

Print vs. Digital. Das veränderte Verhalten von Konsumenten bei Nachrichtenmedien im digitalen Zeitalter

GRIN Verlag

Bibliografische Information der Deutschen Nationalbibliothek:

Die Deutsche Bibliothek verzeichnet diese Publikation in der Deutschen Nationalbibliografie; detaillierte bibliografische Daten sind im Internet über http://dnb.d-nb.de/ abrufbar.

Dieses Werk sowie alle darin enthaltenen einzelnen Beiträge und Abbildungen sind urheberrechtlich geschützt. Jede Verwertung, die nicht ausdrücklich vom Urheberrechtsschutz zugelassen ist, bedarf der vorherigen Zustimmung des Verlages. Das gilt insbesondere für Vervielfältigungen, Bearbeitungen, Übersetzungen, Mikroverfilmungen, Auswertungen durch Datenbanken und für die Einspeicherung und Verarbeitung in elektronische Systeme. Alle Rechte, auch die des auszugsweisen Nachdrucks, der fotomechanischen Wiedergabe (einschließlich Mikrokopie) sowie der Auswertung durch Datenbanken oder ähnliche Einrichtungen, vorbehalten.

Impressum:

Copyright © 2015 GRIN Verlag, Open Publishing GmbH
Druck und Bindung: Books on Demand GmbH, Norderstedt Germany
ISBN: 978-3-668-00595-2

Dieses Buch bei GRIN:

http://www.grin.com/de/e-book/302368/print-vs-digital-das-veraenderte-verhalten-von-konsumenten-bei-nachrichtenmedien

GRIN - Your knowledge has value

Der GRIN Verlag publiziert seit 1998 wissenschaftliche Arbeiten von Studenten, Hochschullehrern und anderen Akademikern als eBook und gedrucktes Buch. Die Verlagswebsite www.grin.com ist die ideale Plattform zur Veröffentlichung von Hausarbeiten, Abschlussarbeiten, wissenschaftlichen Aufsätzen, Dissertationen und Fachbüchern.

Besuchen Sie uns im Internet:

http://www.grin.com/

http://www.facebook.com/grincom

http://www.twitter.com/grin_com

hochschule hof

University of Applied Sciences

Bachelorarbeit

Print vs. Digital

Das veränderte Verhalten von Konsumenten bei Nachrichtenmedien im digitalen Zeitalter

München, den 18. März 2015

Inhaltsverzeichnis

Inhaltsverzeichnis I
Abbildungsverzeichnis III
1. Einleitung 1
   1.1 Problemstellung 1
   1.2 Aufbau der Arbeit 3
2. Konsumentenverhalten in der heutigen Medienlandschaft 5
   2.1 Wie wird Konsumentenverhalten definiert? 5
   2.2 Konsumentenverhalten während des Kaufprozesses 6
      2.2.1 S-R und S-O-R Modell 6
      2.2.2 Arten der Kaufentscheidungsprozesse 8
   2.3 Entwicklung des Verhaltens von Konsumenten 11
3. Nachrichtenmedien in Deutschland 13
   3.1 Fünf Faktoren der Massenmedien 13
      3.1.1 Massenmedien als Nachrichtenmedien in Deutschland 14
   3.2 Ausgewählte Zeitungen und Zeitschriften mit digitalen Angeboten in Deutschland 20
   3.3 Detaillierte Beschreibungen von Printmedien 23
      3.3.1 Zeitungen 23
      3.3.2 Zeitungsformate 24
      3.3.3 Zeitschriften 24
   3.4 Aufbau und Struktur der digitalen Nachrichtenmedien 25
      3.4.1 Aufbau der mobilen Nachrichtenmedien am Beispiel Bild.de .. 25
         3.4.1.1 App 26
         3.4.1.2 Mobile Website 27
         3.4.1.3 Online Website 28
   3.5 Print vs. Digital 29
      3.5.1 Marktentwicklung im digitalen Zeitalter 29
      3.5.2 Finanzierung 32
         3.5.2.1 Printmedien 32
         3.5.2.2 Digitale Medien 34
         3.5.2.3 Paid Content 35
4. Empirische Erhebung 39

4.1 Empirische Erhebung und Untersuchungsziel 39

4.2 Hypothesenentwicklung 39

4.3 Die Erhebungsmethodik 40

    4.3.1 Der Fragebogeninhalt 40

    4.3.2 Der Pretest 41

    4.3.3 Die Durchführung der Umfrage 41

4.4 Soziodemografische Daten 43

4.5 Hypothesenprüfung und Ergebnisdarstellung 45

4.6 Kritische Betrachtung der Erhebungsmethode 53

4.7 Ergebnisdiskussion und Handlungsempfehlung 54

5. Fazit 56

Anhang IV

Literaturverzeichnis X

Abbildungsverzeichnis

Abbildung 1: Ablauf der Arbeit 3
Abbildung 2: S-R-Modell 6
Abbildung 3: S-O-R-Modell 7
Abbildung 4: Totalmodell des Konsumentenverhaltens 9
Abbildung 5: Zusammenfassung Arten des Konsumentenverhaltens 12
Abbildung 6: Reichweiten ausgewählter Nachrichtensendungen im Jahr 2013 nach der durchschnittlichen Anzahl der Zuschauer 15
Abbildung 7: Reichweiten der Radioprogramme mit Wirtschafts- und Nachrichtenausrichtung 2012 16
Abbildung 8: Gegenüberstellung SZ und Bild-Zeitung 19
Abbildung 9: Zeitungskriterien 23
Abbildung 10: Screenshot Bild App: Startseite, Menü, Politik 26
Abbildung 11: Screenshot Bild App: Schlagzeilen, ePaper 27
Abbildung 12: Screenshot Bild.de Website: Startseite, Menü, Newsticker & Video 28
Abbildung 13: Screenshot Online-Website Bild.de, Startseite, Menüleiste ...29
Abbildung 14: Entwicklung der verkauften Auflage der Tageszeitungen in Deutschland in ausgewählten Jahren von 1991 bis 2014 30
Abbildung 15: Entwicklung der Unique User ausgewählter Nachrichtenwebsites (in Mio.) 2005 - 2014 31
Abbildung 16: Kosten- und Erlösmodell von Printmedien 33
Abbildung 17: Werbe- und Lesermarkt von Zeitungen 33
Abbildung 18: Erlösquellen im Internet 35
Abbildung 19: Vergleich Freemium, Metered Model, harte Bezahlschranke 38
Abbildung 20: Altersverteilung der Umfrage 43
Abbildung 21: Zugehörigkeit der Probanden nach Bundesland 44
Abbildung 22: Veränderung bei Nachrichten seit Smartphone 46
Abbildung 23: Welches Medium wird in 10 Jahren am häufigsten genutzt ..47
Abbildung 24: Nachrichten werden heutzutage ausschließlich Online und mit dem Smartphone gelesen 49
Abbildung 25: Nutzung von Werbeanzeigen digitaler Medien 50
Abbildung 26: Nutzung von Werbeanzeigen in Printmedien 50

1. Einleitung

1.1 Problemstellung

Noch vor wenigen Jahren war der Weg zum Briefkasten oder zum Zeitungsladen an der Ecke der erste und oftmals auch einzige Weg um sich über die aktuellen Nachrichten des Vortages zu informieren. Selbstverständlich gab es auch die Möglichkeit des Radios und des Fernsehens, doch hier wurden oft nur die wichtigsten Themen oberflächlich behandelt. Kein Medium konnte täglich einen so detaillierten und umfangreichen Blick über die tagesaktuellen Nachrichten verschaffen wie die Zeitung. Mit der Entstehung und rasend schnellen Weiterentwicklung des Internets löst sich diese Monopolstellung immer weiter auf. Heute, im digitalen Zeitalter beginnt oftmals der erste Weg um sich über die aktuellen Nachrichten detailliert zu informieren, mit dem Griff zum Laptop oder Smartphone. Die Endgeräte sind noch nicht Flächendeckend unter den Konsumenten verteilt jedoch besaßen im Mai 2012 bereits 41,1 Mio.[1] Menschen in Deutschland ein Smartphone. Trend steigend. Die deutsch Zeitungsverlage haben diesen Trend erkannt und ihr Portfolio angepasst und ihre Kanäle auch digital erweitert. Sie entwickelten zunächst eigene Nachrichtenwebsites für Computer und einige Jahre später, als die Technologie es ihnen ermöglichte, folgten Websites und Applikationen für mobile Endgeräte. Darüber hinaus entstanden Online-Redaktionen und neue Mitarbeiter wurden eingestellt, die sich ausschließlich auf den Inhalt, den sog. Content, des Online-Angebots konzentrierten.[2] War es früher noch das Ziel einer Zeitung über die Hintergründe einer Nachricht zu informieren, so geht es heute oftmals darum als erster die Nachricht zu veröffentlichen, im Zweifel auch ohne Hintergrundinformationen. Das Internet, so wie wir es heute kennen, das sog. "Web 2.0", und die internetfähigen Geräte haben das Angebot für Konsumenten stark erweitert. Sie bieten ihnen die Möglichkeit innerhalb von Sekunden an nahezu jedem Ort der Erde Nachrichten zu lesen und selbst zu recherchieren. Das Internet und die internetfähigen Geräte haben das Angebot für Konsumenten stark erweitert. Einzige Bedingung

---

[1] Vgl.: http://de.statista.com, abgerufen am 14.03.2015.
[2] Vgl.: http://www.spiegelgruppe.de, abgerufen am 14.03.2015.

dafür ist eine funktionierende Internetverbindung. Das primäre Ziel der vorliegenden Arbeit ist, anhand einer empirischen Untersuchung, herauszufinden inwiefern sich das Verhalten der Konsumenten im digitalen Zeitalter entwickelt hat. Eine Fokussierung liegt dabei auf den Medien Print und Digital. Entscheidende Ziele sind hier aufzuzeigen, zum einen welches Medium zum Lesen von Nachrichten heutzutage und in einigen Jahren am häufigsten genutzt wird, zum anderen ob und wie stark das Smartphone die Konsummenge an gelesenen Nachrichten verändert hat. Des Weiteren wird versucht darzustellen wie Konsumenten auf Werbung bei Nachrichtenmedien reagieren. Dabei steht die Häufigkeit im Mittelpunkt in der eine Werbeanzeige weiter verfolgt oder nicht beachtet wird. Mit Hilfe einer Online-Umfrage werden die Ergebnisse für die definierten Ziele erarbeitet. Im Anschluss werden diese Resultate analysiert und mit Handlungsempfehlungen für Unternehmen und Zeitungsverlage versehen.

1.2 Aufbau der Arbeit

Die vorliegende Arbeit ist in einen theoretischen und empirischen Teil aufgebaut. Der theoretische Teil soll einen Überblick auf das Konsumentenverhalten und den Nachrichtenmedien in Deutschland verschaffen. Der empirische Teil analysiert die Umfrage anhand, der vom Verfasser aufgestellten Hypothesen.

Konsumentenverhalten → Nachrichtenmedien in Deutschland → Empirische Erhebung

Abbildung 1: Ablauf der Arbeit[3]

Im zweiten Kapitel soll ein Verständnis über das allgemeine Konsumentenverhalten und das Verhalten während eines Kaufprozess geschaffen werden. Des Weiteren werden die unterschiedlichen Prozesse während eines Kaufaktes dargestellt und erklärt. Im letzten Schritt wird auf die Entwicklung des Verhaltens von Konsumenten eingegangen.

Im dritten Kapitel, Nachrichtenmedien in Deutschland, werden zu Beginn der Begriff Massenmedium und Massenkommunikation definiert. Im Anschluss werden die in Deutschland gängigen Massenmedien näher betrachtet. Da die Print- und digitalen Medien den Kernpunkt der Arbeit darstellen, werden diese im weiteren Verlauf einer genaueren Betrachtung unterzogen. Anschließend wird die Marktentwicklung und Finanzierung der beiden Medien verglichen und dargestellt.

Im empirischen Teil der Arbeit wird primär das veränderte Verhalten der Konsumenten im digitalen Zeitalter untersucht. Des Weiteren wird das Leseverhalten in der Gegenwart und Zukunft durchleuchtet. Zum Schluss

---

[3] Eigene Darstellung.

werden die Ergebnisse der empirischen Erhebung analysiert und mit Handlungsempfehlungen für Unternehmen versehen.

2. Konsumentenverhalten in der heutigen Medienlandschaft

Im folgenden Kapitel werden die Grundzüge des Konsumentenverhaltens näher erläutert. Nach einer kurzen Erklärung des Begriffs folgt eine Darstellung und Erklärung des S-O-R Modells. Im Anschluss werden die jeweiligen Phasen und Typen bei einem Kaufprozess aufgezeigt. Im letzten Punkt wird auf das veränderte Verhalten von Konsumenten in den letzten Jahrzehnten eingegangen.

2.1 Wie wird Konsumentenverhalten definiert?

Vor noch 40 Jahren war der Begriff Konsumentenverhalten kaum bekannt. Heutzutage hat sich die verhaltenswissenschaftliche Betrachtung von Marktteilnehmern und -prozessen in Forschung und Lehre festgesetzt. In der heutigen Zeit wird im engeren Sinne unter dem Konsumentenverhalten das beobachtbare „äußere" und das nicht beobachtbare „innere" Verhalten von Personen beim Kauf und Konsum wirtschaftlicher Güter verstanden. Im weiteren Sinne versteht man darunter das Verhalten der Endverbraucher von materiellen und immateriellen Gütern in einer Gesellschaft, also auch das Verhalten von Wählern, Patienten oder Nachrichtenkonsumenten.[4] In der Literatur existieren unterschiedliche Definitionsansätze für den Begriff Konsumentenverhalten. Ein Definitionsansatz von Blackwell, Engel und Miniard (2006) beschreibt das Verhalten von Konsumenten als Gesamtheit aller Handlungen und Aktivitäten, die unternommen werden um Waren und Dienstleistungen zu beziehen, zu verbrauchen und sich im Anschluss von diesen wieder zu trennen als Konsumentenverhalten bezeichnet wird.[5]

Dabei hat sich das Verständnis der Konsumentenforscher über das Konsumentenverhalten innerhalb der letzten Jahrzehnte stark verändert und weiter entwickelt.[6]

---

[4] Vgl.: Kroeber-Riel, Gröppel-Klein (2013), S.3ff.
[5] Vgl.: Blackwell, Engel, Miniard (2006), S. 4.
[6] Vgl.: Gröppel-Klein (2008), S.542.

2.2 Konsumentenverhalten während des Kaufprozesses

Der Kaufprozess lässt sich grundsätzlich in zwei Modelle unterteilen. Während das S-R-Modell die Beobachtbaren Größen innerhalb eines Kaufprozesses beschreibt, wird bei dem S-O-R-Modell versucht die nicht beobachtbaren Variablen nachzuvollziehen.

2.2.1 S-R und S-O-R Modell

S-R-Modell und Behaviorismus

Der Behaviorismus dient als Grundlage zur Erklärung des Verhaltens bei beobachtbaren Größen und basiert ausschließlich auf der Beobachtung von Reizen (Stimulus) und Reaktionen (Response). Dieses Modell wird als das Stimulus-Respons-Modell bezeichnet. Die Kernaussage bedeutet, dass wenn ein bestehender Stimulus auf einen Organismus trifft, eine bestimmte Reaktion mit einer bestimmten Wahrscheinlichkeit zu erwarten ist. Dieser Organismus wird in der Abbildung Nr.1 als die Black-Box dargestellt. Die Black-Box wird nur auf Basis der Input- und Outputgrößen untersucht. Eine Erklärung des inneren Verhaltens, warum ein Konsument ein Produkt kauft und ein anderer nicht, obwohl sie beide mit den gleichen Stimuli konfrontiert worden, ist mit diesem Modell nicht möglich. Aus diesem Grund ist das S-R-Modell nicht ausreichend, um komplexe Vorgänge wie das Kaufverhalten zu erklären.

Abbildung 2: S-R-Modell[7]

---

[7] Eigene Darstellung in Anlehnung an: Musiol, Kühling (2009), S. 31.

S-O-R-Modell und Neobehaviorismus

Als Weiterentwicklung des Behaviorismus entstand der Neobehaviorismus. Dieser nutzt zur Erklärung des Konsumentenverhaltes Aussagen über nicht-beobachtbare interne Vorgänge und gibt die Betrachtung der Black-Box auf. In dem in Abbildung 2 dargestellten Stimulus-Organismus-Response-Modell (S-O-R) werden im Organismus zwei Variablenklassen differenziert. Zum einen sind dies die beobachtbaren Variablen und zum anderen die intervenierenden Variablen. Wie beim SR-Modell sind die Stimuli und Response die Variablen welche beobachtbar sind. Das Prinzip der intervenierenden Variablen besteht aus den aktivierenden Prozessen (z.B. Emotion, Motivation und Einstellung) und den kognitiven Prozessen (z.B. Wahrnehmung, Lernen und Gedächtnis). Um den Organismus zu erklären werden diese beiden Prozesse im S-O-R-Modell miteinander verknüpft.[8]

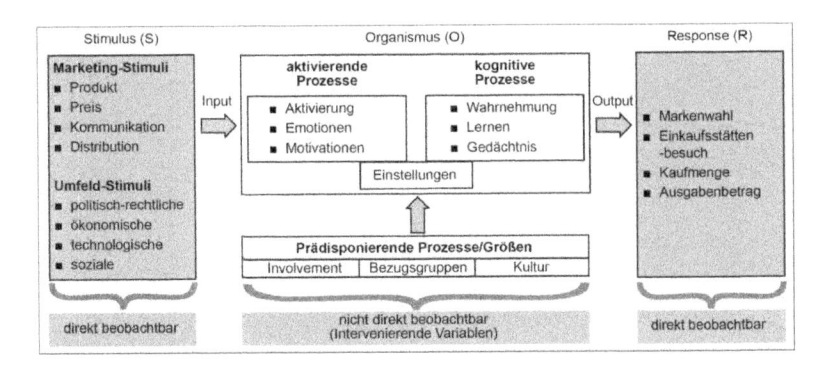

Abbildung 3: S-O-R-Modell[9]

Anhand dieses Modells stellt die Konsumentenverhaltensforschung seither nicht nur die sichtbaren Reaktionen der Kunden dar, sondern auch die im Organismus ablaufenden unsichtbaren Phasen des Kaufentscheidungsprozesses.

---

[8] Vgl.: Foscht, Swoboda (2011), S. 23 ff.
[9] http://wirtschaftslexikon.gabler.de, abgefragt am 04.03.2015.

2.2.2 Arten der Kaufentscheidungsprozesse

Bevor die differenzierten Kategorien von Kaufentscheidungen dargestellt werden, sollen zunächst die Prozesse aufgezeigt werden welche einem Kaufakt vorausgehen.

Ein Kaufprozess beginnt immer mit einem Bedürfnis als Initialzündung. Unabhängig von der Art des Bedürfnisses, stellt der Organismus Energie zur Lösung des Problems bereit. Durch die objektorientierte Handlungsabsicht entsteht aus einem Bedürfnis ein Bedarf. Die Befriedigung des Bedarfs wird dabei durch ein ganz bestimmtes Produkt gesucht, zum Beispiel eine Zeitung. Sobald der Konsument die Zeitung erwerben möchte wird der Bedarf als Nachfrage handlungswirksam. Die Nachfrage ist dabei so zu verstehen, dass sie kaufkraftgestützt sein muss. Das bedeutet, dass ein potentieller Konsument, der nicht über das nötige Geld verfügt, in diesem Sinne keine Nachfrage ausübt. Bei dem abschließenden Kaufakt handelt es sich um den vollzogenen Kauf.

Dieser Prozess findet nicht bei allen Gütern gleichermaßen statt. Kaufentscheidungsprozesse lassen sich dabei in extensiv, limitiert, habituell und impulsiv unterscheiden.[10] Im folgenden werden die verschiedenen Kaufprozesse im Einzelnen erläutert.

- **Extensiver Kaufentscheidungsprozess**

Im Normalfall sind extensive bzw. ausgedehnte Kaufentscheidungen sehr komplex und hauptsächlich bei neuartigen Entscheidungssituationen anzutreffen. Der Entscheider verfügt bisher über keinerlei Erfahrung mit solch einer Situation und muss daher im Kaufentscheidungsprozess zuerst Problemlösungsmuster und Beurteilungskriterien erarbeiten. Daraus folgend sind Informationsaufnahme und Informationsspeicherung von besonderer Bedeutung und charakteristisch für eine extensive Kaufentscheidung. Die Informationssuche erfolgt aktiv bei externen Quellen. Das wahrgenommene Risiko und das Involvement des Entscheiders sind dabei sehr hoch, da der Konsument einen hohen Informationsbedarf hat und die Kaufrisiken zu mindern versucht, dauert

---

[10] Vgl.: Kreutzer (2013), S.28 f.

diese Art von Kaufentscheidung in der Regel sehr lange.[11] Produkte sind hier Shopping Goods (Möbel, Kleidung) oder High-Interest-Produkte wie zum Beispiel ein neuer Laptop oder eine Urlaubsreise[12]
Die sieben Phasen des extensiven Kaufentscheidungsprozesses werden in der folgenden Grafik (Abb. 3) unter „Entscheidungsprozess" dargestellt.

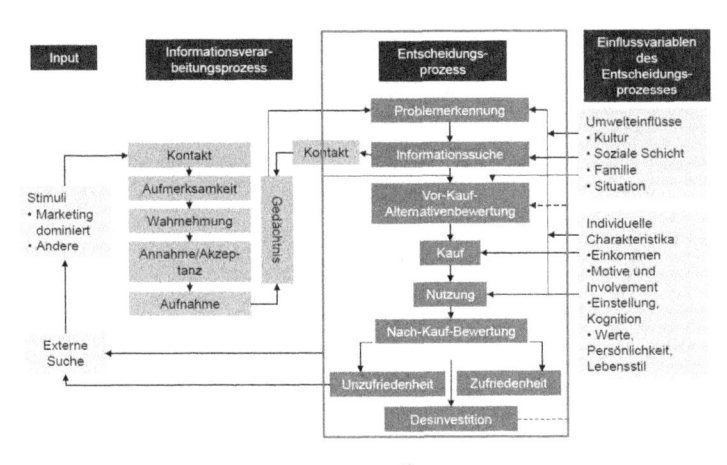

Abbildung 4: Totalmodell des Konsumentenverhaltens[13]

- **limitierter Kaufentscheidungsprozess**

Der limitierte Kaufentscheidungsprozess beschreibt eine Kategorie des Entscheidungsprozesses, bei dem der Käufer nicht alle Phasen durchläuft. Er hat bereits erste Erfahrungen mit den Produkten gesammelt und benötigt daher weniger Zeit.[14] Informationsaufnahme und -verarbeitung sind dabei wieder von großer Bedeutung, jedoch findet jetzt sowohl eine externe als auch eine interne Informationssuche statt. Bei der internen Suche werden Informationen aus dem Gedächtnis abgerufen und werden vom Konsumenten zur Entscheidungsfindung eingesetzt. Solche Informationen sind z. B. Markenkenntnisse oder bisher gesammelte Kauferfahrungen. Die Kaufentscheidung ist auch hier gut

---

[11] Vgl.: Hofbauer, Sangl (2011) S. 127.
[12] Vgl.: Kreutzer (2013), S.29.
[13] Eigene Darstellung in Anlehnung an: Blackwell, Engel, Minard (2006), S. 24
[14] Vgl.: www.excentos.com, abgerufen am 01.03.2015

überlegt, basiert aber eher auf Wissen und Erfahrungen des Konsumenten.[15]

- **habitualisierter Kaufentscheidungsprozess**

Der habitualisierte bzw. gewohnheitsmäßige Kaufentscheidungsprozess findet in der Regel bei Convenience Goods und bei Low-Interest-Produkten statt. Beispiele sind hierfür Zeitungen und Zeitschriften oder auch Zahncreme. Für diese Produkte entscheidet man sich normalerweise einmal und kauf sie über mehrere Jahre oder sogar Jahrzehnte, ohne dass die Produktauswahl nochmals hinterfragt wird. Bei diesem Prozess entfällt bzw. verkürzt sich der Such-, Bewertungs- und Auswahlprozess nach der initialen Entscheidung.[16] Die Kaufentscheidung findet reaktiv statt und wird automatisch getroffen. Der Konsument vermindert zusätzlich sein Kaufrisiko, indem er auf bewährte Marken setzt.[17]

- **impulsiver Kaufentscheidungsprozess**

Bei einem impulsiven Kaufentscheidungsprozess durchläuft der Käufer keinen geplanten Prozess. Der Konsument wird durch ein konkretes Produkt im Geschäft, dem sog. Point of Sale bzw. Point of Purchase (Internet), zum Kauf angeregt.[18] Die Kaufentscheidung folgt unmittelbar auf Reize und wird dabei von Emotionen begleitet. Sie erfolgt rasch, spontan und reaktiv. Der Prozess des Impulskaufes wird zusätzlich nochmal in vier Arten unterteilt.

- **Erinnerungsgesteuert**
  Bedeutet, dass dem Konsumenten während des Kaufes ein Bedürfnis bewusst wird, welches er vergessen hat.
- **Geplant**
  Ein Impulskauf ist dann geplant wenn der Konsument sich dazu entschließt sein Sonderangebot in Anspruch zu nehmen.

---

[15] Vgl.: Hofbauer, Sangl (2011) S. 127.
[16] Vgl.: Kreutzer (2013), S.30.
[17] Vgl.: Hofbauer, Sangl (2011) S. 127.
[18] Vgl.: Kreutzer (2013), S.31.

- **Rein**
  Die spontane Entdeckung eines neuen Produktes.
- **Überredung**
  Eine Kaufentscheidung wird durch Argumente von Seiten des Verkäufers herbeigeführt.[19]

2.3 Entwicklung des Verhaltens von Konsumenten

Nicht nur die Forschung hat sich die letzten Jahre weiter entwickelt auch das Verhalten der Konsumenten verzeichnet signifikante Veränderungen. Zu Beginn stand das klassische konsistente Konsumentenverhalten gefolgt vom hybriden Konsumentenverhalten. Die aktuellste Form ist der multioptionale Konsument.[20] Diese Entwicklungen werden im folgenden genauer belichtet.

1) Konsistente Konsumentenverhalten

Zu Beginn wurde jedem Konsumenten ein bestimmtes Verhaltensmuster zugeordnet. Es entwickelte sich dabei ein Image des Massenkonsumenten der einer einheitlichen Gruppe angehört die durchschaubar, berechenbar und steuerbar ist. Zusätzlich wurde davon ausgegangen, dass der Konsument immer auf die gleiche Art und Weise auf einen bestimmten Reiz reagiert.

2) Hybrides Konsumentenverhalten

In den 90er Jahren folgte die zweite Entwicklungsstufe. Diese Stufe zeichnet sich durch bi-polares bzw. Zweidimensionales Verhalten der Konsumenten aus. Beispielhaft ist hierfür, dass der Konsument seine Nachrichten genauso gerne zu Hause in Form einer Zeitschrift als auch auf seinem Smartphone liest. Dabei sucht der Konsument mit Vorsatz den Kontrast, den er z.B. in Produkten mit verschiedenen Preisklassen findet. Sollten sich diese Handlungen als beständig erweisen gilt dieses Verhalten als stabil. Ist das konsistente Verhalten noch einheitlich, wird das hybride Verhalten differenziert dargestellt. Dies bedeutet, dass nicht

---

[19] Vgl.: Hofbauer, Sangl (2011) S. 128.
[20] Vgl.: Foscht, Swoboda (2011), S 5.

nur nach Zielgruppen unterschieden werden kann, sondern dass durch ihre Gespaltenheit eine weitere Dimension hinzugefügt wird.

3) Multioptionales Konsumentenverhalten

Das heutzutage am häufigsten beobachtete Konsumentenverhalten unterscheidet sich deutlich von dem konsistenten und hybriden Verhaltensweisen. Hauptmerkmale des Konsumenten sind hier seine Instabilität und die verschiedenen Dimensionen. In diesem Verhalten lässt sich der Konsument nicht mehr in bestimmte Verhaltensschemen einordnen. Er orientiert sich an verschiedenen Trends und lebt diese nach seinem eigenen Empfinden aus. Er hat mehrere verschiedene Verhaltensmuster und wird zum Gruppenpendler, der jederzeit eine Veränderung an seinen Verhaltensweisen vornehmen kann. Durch die zusätzliche Entwicklung vom Verkäufermarkt in einen Käufermarkt ist er nicht mehr steuerbar, sondern entscheidet selbst. Trotz der vielen unterschiedlichen Möglichkeiten die der Konsument nutzt, verfolgt er eine Leitidee mit deren Hilfe sein Verhalten nachvollziehbar, jedoch nicht vorhersehbar, ist.[21]

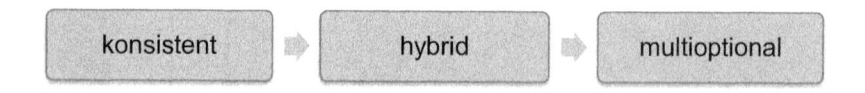

konsistent	hybrid	multioptional
• Eindimensional • Einheitliches Verhalten • Stabil über die Zeit	• Bi-Polar • Differenziertes Verhalten • Relativ stabil	• Mehrdimensional • Divergierendes Verhalten • Nicht mehr stabil

Abbildung 5: Zusammenfassung Arten des Konsumentenverhaltens[22]

---

[21] Vgl.: Tonnesen (2000), S. 22ff.
[22] Eigene Darstellung in Anlehnung an: Foscht (2001), S. 114.

3. Nachrichtenmedien in Deutschland

Die Landschaft der Nachrichtenmedien in Deutschland hat sich durch die Digitalisierung stark verändert. Dabei sind neue Möglichkeiten entstanden welche das Spektrum an Angeboten für Konsumenten stark erweitert haben. In Deutschland werden Nachrichten mit Hilfe von Massenmedien verbreitet. Im folgenden Kapitel werden zu Beginn diese Medien vorgestellt. Anschließend werden Printmedien und digitale Medien zur Nachrichteninformationsgewinnung beschrieben. In einem letzten Schritt erfolgt ein Vergleich zwischen den Printmedien und digitalen Medien in den Bereichen Marktentwicklung der letzten 20 Jahre und Finanzierung des Mediums.

3.1 Fünf Faktoren der Massenmedien

In Deutschland werden zur Verbreitung von Nachrichten hauptsächlich Massenmedien genutzt. Unter diesen Massenmedien werden allgemein technische Mittel, die zur Vermittlung von Informationen und Emotionen dienen, verstanden. Diese Medien dienen dabei als Instrumente zur Informationsübertragung zwischen Sender und Empfänger und werden als Massenmedien verstanden, da sie überall zugänglich sind und deswegen schnell und effektiv Nachrichten an eine große Menschenanzahl übertragen können.[23] Ein weiteres Merkmal ist die räumliche, zeitliche oder raumzeitliche Distanz zwischen den Kommunikationspartnern.[24] Als wichtiger Bestandteil der Massenmedien gilt die Massenkommunikation. Diese erreicht dabei ein breites Publikum, vermittelt Einflüsse der weiteren Umwelt und ist in der Lage, starke Aufmerksamkeit für ein Angebot zu erzeugen.[25]

Ob ein Medium eine Massenkommunikation anbietet oder nicht wird durch folgende fünf Faktoren bestimmt.

---

[23] Vgl.: definition-online.de, abgerufen am 04.03.2015.
[24] Vgl.: wirtschaftslexikon.gabler.de, abgerufen am 05.03.2015.
[25] Vgl: wirtschaftslexikon.gabler.de, abgerufen am 05.03.2015.

1) **Öffentlich**
Keine begrenzte und personell definierte Empfängerschaft
2) **Technische Verbreitungsmittel**
Mit Hilfe eines Mediums
3) **Indirekt**
Räumliche, zeitliche oder raumzeitliche Distanz zwischen den Kommunikationspartnern
4) **Einseitig**
Ohne Rollenwechsel zwischen dem Aussagenden und Aufnehmenden
5) **Disperses Publikum**
Räumliche oder zeitliche oder raumzeitliche Distanz zwischen den Aufnehmenden[26]

3.1.1 Massenmedien als Nachrichtenmedien in Deutschland

Nach den soeben aufgeführten fünf Faktoren gibt es in Deutschland vier Medien die diese erfüllen und Nachrichten mit Hilfe von Massenkommunikation bereitstellen. Diese Medien werden anhand ihrer Geschichte, Entwicklung und Verwendung als Nachrichtenmedium im folgenden Kapital kurz vorgestellt.

Fernsehen
Das Fernsehen hat sich in Deutschland in der Zeit zwischen 1950 und 1960 etabliert. Zu Beginn standen den Konsumenten ein von den Landesrundfunkanstalten in einer Arbeitsgemeinschaft produziertes Fernsehprogramm (ARD), eine von allen Bundesländern gegründete zentrale öffentlich-rechtliche Rundfunkanstalt (ZDF) und die dritten Fernsehprogramme einiger Landesrundfunkanstalten zur Verfügung (z.B. N3). Heutzutage sind in 90% der Haushalte in Deutschland mehr als 30 deutschsprachige Fernsehsender zu empfangen. Damit erreicht das Fernsehen täglich 85% der deutschen Bevölkerung und wird im Schnitt drei Stunden am Tag genutzt.
Die publizistische Bedeutung von Fernsehen in Deutschland ist sehr hoch. Informationen über Politik und täglichem Geschehen haben einen hohen

---
[26] Vgl.: Dittmar (2010), S. 37.

Stellenwert und werden in Nachrichtensendungen, Gesprächsrunden und Magazinen ausgestrahlt. Zusätzlich gibt es TV-Sender die sich fast nur mit dem Senden von Nachrichten beschäftigen, Beispiele wären hier die die Sender N-TV und N24.[27]

Abbildung 5 zeigt sieben ausgewählte deutsche Nachrichtensendungen und deren durchschnittlichen Einschaltquoten im Jahr 2013. Mit 4,8 Mio. Zuschauern pro Sendung ist die Tagesschau im Ersten die beliebteste Nachrichtensendung im deutschen Fernsehen.

Fernsehzuschauer in Millionen (2013)

Tagesschau im Ersten (20 Uhr)	4,840
RTL aktuell (18:45 Uhr)	3,460
heute-journal im ZDF (21.45 Uhr)	3,650
heute im ZDF (19 Uhr)	3,440
Tagesthemen (22.15/23.15 Uhr)	2,530
Sat.1 Nachrichten (18.30/20.00 Uhr)	1,630
ProSieben Newstime (18.00/20.00 Uhr)	0,81000

Abbildung 6: Reichweiten ausgewählter Nachrichtensendungen im Jahr 2013 nach der durchschnittlichen Anzahl der Zuschauer[28]

Hörfunk

Der Hörfunk hat sich in Deutschland in den letzten 20 Jahren zu einem Massenmedium entwickelt, welches von Beginn an strikter staatlicher Kontrolle unterlag. Nach dem zweiten Weltkrieg wurden in den Bundesländern Anbieter für regionale Hörfunkprogramme gegründet. Mitte der 80er Jahre wurden private Hörfunkanbieter zugelassen und das Radio wurde für die Konsumenten ein durchformatiertes Programm, das sie neben

---

[27] Vgl.: www.bpb.de, abgerufen am 06.03.2015.
[28] Eigene Darstellung in Anlehnung an: http://de.statista.com, abgerufen am 09.03.2015.

der Arbeit oder beim Autofahren als Sekundärmedium nutzen. Heutzutage besteht ein dichtes Netz aus 392 Nachrichtensendern.[29] Zusammengesetzt aus öffentlich-rechtlichen regionalen Radiosendern (z.B. „Eins Live" vom WDR) und privaten regionalen oder lokalen Anbietern (z.B. Antenne Bayern). Insgesamt erreicht das Radio täglich 85% der deutschen Bevölkerung und wird durchschnittlich 3,5 Stunden am Tag genutzt. Regelmäßige Nachrichten und Informationen sind elementare Bestandteile der Radiosender. Dabei senden die Radiosender in Deutschland stündlich Nachrichten.[30] Wie beim Fernsehen gibt es auch im Hörfunkbereich reine Nachrichtensender. In der folgenden Abbildung 6 sind die meistgehörtesten dargestellt. Auf Platz 1 mit täglich über 1,5 Mio. Konsumenten liegt der Deutschlandfunk. Am zweit- und dritthäufigsten wird das Nachrichtenprogramm von WDR 5 und B5 aktuell genutzt. Zusammen haben die Sender eine Reichweite von ca. 1,4 Mio. Zuhörern.

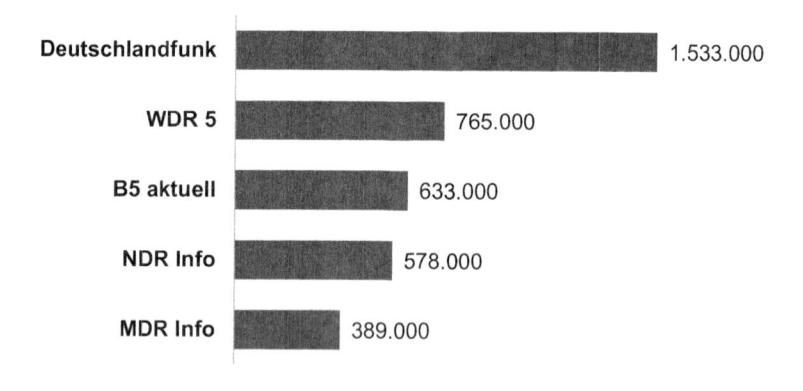

Sender	Reichweite
Deutschlandfunk	1.533.000
WDR 5	765.000
B5 aktuell	633.000
NDR Info	578.000
MDR Info	389.000

Abbildung 7: Reichweiten der Radioprogramme mit Wirtschafts- und Nachrichtenausrichtung 2012[31]

---

[29] Vgl.: http://de.statista.com, abgerufen am 09.03.2015.
[30] Vgl.: ww.bpb.de, abgerufen am 06.03.2015.
[31] Eigene Darstellung in Anlehnung an: http://de.statista.com, abgefragt am 06.03.2015.

Printmedien

Der Begriff Printmedien ist eine Sammelbezeichnung für alle auf Papier gedruckten Medien wie Zeitungen, Zeitschriften, Bücher usw. mit deren Unterstützung Inhalte hauptsächlich durch das geschriebene Wort sowie gedruckte Bilder und Illustrationen verbreitet werden.[32] Dabei kann es sich um Tageszeitungen, Zeitschriften oder monatlich erscheinende Fachblätter handeln.[33] Im Folgenden werden diese Printmedien einzeln aufgezeigt.

1) Zeitung

Um 1450 erfand Johannes Gutenberg mit dem Buchdruck die entscheidende Voraussetzung für die Zeitung. Die ersten gedruckten Zeitungen erschienen Anfang des 17. Jahrhunderts in Wolfenbüttel und Straßburg. Der erste Verkauf von Tageszeitungen wurde in Leipzig begründet. Für eine zunehmende Verbreitung zeigte sich die wachsende Volksbildung und die Gewährung der Pressefreiheit in zahlreichen deutschen Verfassungen ab 1848 verantwortlich.

Obwohl zum Ende des 19. Jahrhunderts die ersten großen Pressekonzerne auf der Bildfläche erschienen, wurde der Pressemarkt von vielen kleinen Verlagen geprägt. Dies lässt sich mit der Rekordanzahl von Tageszeitungen im Jahre 1932 begründen. Im Deutschen Reich wurden zu dieser Zeit 4.275 Zeitungen täglich publiziert.

Mit Beginn des Nationalsozialismus wurde die Anzahl der Zeitungen stark reduziert und hauptsächlich als Propaganda verwendet. Das Ende des zweiten Weltkrieges sollte auch gleichzeitig das Ende aller damals herausgegebenen Zeitungen bedeuten. Die Lizenzen wurden von den Alliierten ausschließlich an nationalsozialistisch nicht vorbelastete oder völlig branchenfremde Personen vergeben. Verleger die vor 1945 Zeitungen herausgaben, wurden ausgeschlossen oder mussten ihre Druckmaschinen zur Verfügung stellen.

Mit der Gründung der Bundesrepublik Deutschland wurde der Lizenzzwang aufgehoben und die Zahl an Zeitungen stieg bis zum

---

[32] Vgl.: Bock (1989) S. 54.
[33] Vgl.: www.fach-artikel.de, abgerufen am 06.03.2015.

Jahr 1954 an, wo sie mit 1500 Ausgaben ihren Höhepunkt erreichten. Im Anschluss daran erfolgte in Deutschland ein erster Konzentrationsprozess. Gründe hierfür waren auf der einen Seite die hohen Personalkosten welche über die Hälfte der Gesamtkosten ausmachten, auf der anderen Seite die Bindung von Zeitungen an das konjunkturabhängige Anzeigengeschäft, da die Vertriebseinnahmen die Kosten nicht decken konnten.[34] Während dieses Prozesses ging die Anzahl der Verlage von 624 im Jahre 1954 auf 535 im Jahre 1967 zurück.

Nach der Wiedervereinigung wurde der Markt mit neugründeten Zeitungen und Zeitschriften aus Ostdeutschland überflutet. Ein weiterer Konzentrationsprozess war die Folge.[35] Mitte der 90er Jahre hatte sich die Anzahl der Verlage auf nur noch 384 Stück reduziert. Trotz der deutlich geschrumpften Fülle an Verlagen wurde 1991 mit 27,3 Millionen Stück der höchste Wert an verkauften Tageszeitungen in Deutschland erreicht.[36]

Auf die weitere Entwicklung der Verkaufszahlen in den letzten 24 Jahren wird im weiteren Verlauf der Arbeit eingegangen.

Heutzutage gibt es in Deutschland 329 Tageszeitungen, 20 Wochenzeitungen und 6 Sonntagszeitungen. Dabei haben die Süddeutsche Zeitung und die Bild die höchsten Auflagen. Da diese beiden Tageszeitungen nicht nur inhaltlich (Abonnement Tageszeitung und Boulevard Tageszeitung) unterschiedlich sind, sondern ebenfalls über unterschiedliche Mediadaten verfügen wird in der Abbildung 6 ein Vergleich der beiden Marktführer aufgezeigt.

---

[34] Vgl.: Rogall (2000), S. 20ff.
[35] Vgl.: Pürer, Raabe (2003) S. 211.
[36] Vgl.: http://de.statista.com, abgerufen am 12.03.2015.

	Süddeutsche Zeitung	Bild
Verlag	Süddeutscher Verlag, München	Axel Springer SE, Berlin
Erstausgabe	6. Oktober 1945	24. Juni 1952
Chefredakteur	Kurt Kister	Kai Diekmann
Preis	2,40€	0,60€ - 0,80€
Reichweite (Mo-Sa)	1,43 Mio. Leser (2014)	12,13 Mio. Leser (2012)
Auflage (Mo-Sa)	381.844 (2014)	2.099.909 (2014)
Leser	hohes Einkommen und gehobene Berufsstellung	alle Bevölkerungsschichten
Gattung	überregionale Qualitätstageszeitung	überregionale Boulevardzeitung
Inhalt/Ressorts	Politik, Wirtschaft, Feuilleton, Panorama, Medien, Sport und Wissenschaft	Unterhaltung, Nachrichten, Politik, Wirtschaft und Sport

Abbildung 8: Gegenüberstellung SZ und Bild-Zeitung[37]

2) **Zeitschriften**

Erste Zeitschriften wurden in Deutschland Ende des 19. Jahrhunderts auf den Markt gebracht. Eine zentrale Bedeutung hatte die Fotografie. Im Jahr 1947 begründeten die beiden Zeitschriften stern und DER SPIEGEL den folgenden Zeitschriftenboom in Deutschland. Anfang der 60er Jahre standen den Konsumenten 264 Zeitschriften, mit einer Auflage von 43,3 Mio. Stück, zur Verfügung. Zehn Jahre später hatte sich die Auflage auf 67,7 Mio. Stück entwickelt. Der Markt wird in dieser Zeit von vier Verlagen kontrolliert und bestimmt: Bauer, Burda, Springer, Gruner + Jahr.

1993 bringt der Burda Verlag das wöchentlich erscheinende Nachrichtenmagazin FOCUS auf den Markt. Heutzutage erreichen die drei genannten Zeitschriften eine verkaufte Auflage von ungefähr 2 Mio. Stück.[38]

---

[37] Eigene Darstellung.
[38] Vgl.: http://de.statista.com, abgerufen am 16.03.2015

Internet

Anfang der 1990er Jahre wurde das Internet, für die allgemeine Nutzung freigegeben und wird ab diesem Zeitpunkt als „World Wide Web" bezeichnet. In der Anfangszeit des „Web 1.0" funktionierte das Internet nur als Grundlage, auf der Inhalte zur autonomen Benutzung zur Verfügung standen. Eine Kommunikation war nicht möglich.[39] Ca. zehn Jahre später wurde das Internet erweitert und es entwickelte sich das „Web 2.0". Es werden Möglichkeiten zur Interaktion und Präsentation geboten, indem auf einer gemeinsamen Plattform Content und Informationen zur Verfügung gestellt werden.[40]

Als erste Zeitung/Zeitschrift geht am 25. Oktober 1994 DER SPIEGEL online. Eingestellt wurden wöchentlich 10-15 Inhalte ausschließlich aus dem Print-Magazin. Ein Jahr später wurden auf der Website erste eigens für das Internet geschriebene Beiträge veröffentlicht.[41]

Mittlerweile gibt es in Deutschland über 650 Onlineangebote von Zeitungen. Dabei hat mit 16,92 Mio. Unique Usern[42] ist die Bild App des Axel Springer Verlages im Dezember 2014 die meistbesuchte Website mit Nachrichten Content in Deutschland. Im gleichen Zeitraum erreichte FOCUS Online 13,65 Mio. und Spiegel Online 11,43 Mio. Unique User mit ihren Websites und folgen damit auf Platz zwei und drei.[43]

3.2 Ausgewählte Zeitungen und Zeitschriften mit digitalen Angeboten in Deutschland

In Deutschland besitzen alle gängigen Herausgeber von Zeitungen neben ihrem Printmedium, eine Online-Website und eine App für Smartphone und Tablets. Dieses Kapitel soll dabei einen Überblick verschaffen, wie viele Konsumenten die Angebote der gängigen Zeitungen nutzen.

---

[39] Vgl.: Knappe, Kracklauer (2007) S. 15.
[40] Vgl.: Walsh, Hass, Kilian (2011) S. 4.
[41] Vgl.: http://www.spiegelgruppe.de, abgerufen am 11.03.2015.
[42] Unique User sind unterschiedliche Besucher einer Website in einer bestimmten Periode. Mehrere Besuche eines Users werden dabei nur einmalig berücksichtigt.
[43] Vgl.: ww.agof.de, abgerufen am 15.03.2015.

BILD-Zeitung – Bild.de – BILD News App

BILD ist Europas große Tageszeitung und informiert, zusammen mit der in Berlin erscheinenden B.Z., täglich 11,32 Mio. Leser.[44] Zusätzlich ist BILD.de Deutschlands größtes News- und Entertainment-Portal und hat das reichweitenstärkste redaktionelle Online-Angebot mit monatlich 16,73 Mio. Unique Usern.[45]

DIE ZEIT – ZEIT ONLINE – ZEIT ONLINE App

„DIE ZEIT" ist mit täglich über 500.000 verkauften Exemplaren die größte Qualitätszeitung Deutschlands und gehört zu der „ZEIT Verlagsgruppe".[46] Die „ZEIT ONLINE" hat zusätzlich monatlich 5,56 Mio. Unique Usern.[47]

Frankfurter Allgemeine Zeitung - FAZ.NET – FAZ.NET App

Täglich werden die Angebote der F.A.Z, egal ob gedruckt oder digital, von 451.000 Lesern genutzt.[48] Dabei vertritt die Zeitung die Meinung „Je mehr man sich dem Top-Management der deutschen Wirtschaft nähert, desto unverzichtbarer scheinen die fundierten und hintergründigen Informationen der F.A.Z."[49]

Die Welt

Die überregionale Tageszeitung zählt zu den führenden Zeitungen Europas mit täglich ca. 200.000 verkauften Exemplaren. Das Online-Angebot wird zusätzlich von 9,25 Mio. Unique Usern pro Monat genutzt. Sie gehört ebenso wie die BILD-Zeitung zum Verlagshaus der Axel Springer Media Impact GmbH & Co. KG.[50]

---

[44] Vgl.: http://www.axelspringer-mediapilot.de, abgerufen am 12.02.2015.
[45] Vgl.: http://www.bild.de, abgerufen am 12.02.2015.
[46] Vgl.: http://www.zeit-verlagsgruppe.de, abgerufen am 12.02.2015.
[47] Vgl.: http://www.iqm.de, abgerufen am 12.02.2015.
[48] Vgl.: https://filebox.faz.de, abgerufen am 12.02.2015.
[49] http://verlag.faz.net, abgerufen am 12.02.2015.
[50] Vgl.: http://www.axelspringer-mediapilot.de, abgerufen am 12.02.2015.

Süddeutsche Zeitung –Süddeutsche.de – Süddeutsche Zeitung Digital
Die Online-Website der Süddeutschen Zeitung hatte im Jahr 2013 eine durchschnittliche Anzahl von 7,49 Mio. Unique Usern pro Monat und verkaufte täglich 397.000 Exemplare. Sie bezeichnet sich selbst als Zeitung mit kritischen Redakteuren und Lesern.[51]

FOCUS – FOCUS ONLINE – FOCUS ONLINE App
Die wöchentlich erscheinende Zeitschrift Focus verkaufte im Jahr 2014 ca. 500.000 Stück pro Ausgabe.[52] Die Online-Website konnte im letzten Jahr monatlich 13,65 Mio. Unique Usern verzeichnen und belegt damit Platz zwei der meistbesuchten Nachrichten-Websites in Deutschland.[53]

Der Spiegel – Spiegel Online – Spiegel Online App
Mit 843.000 verkaufen Exemplaren pro Ausgabe ist der Spiegel in Deutschland die Nummer eins unter den wöchentlich erscheinenden Nachrichtenzeitschriften.[54] Zusätzlich erreichte die Online-Website im letzten Jahr einen monatlichen Wert von 11,43 Mio. Unique Usern.[55]

stern – stern.de – stern App
Mit rund 725.000 verkauften Zeitschriften pro Monat belegt der Stern Platz zwei bei den gedruckten Nachrichtenzeitschriften.[56] Bei den Unique Usern lag der „stern" 2014 bei durchschnittlich 6,45 Mio. aufrufen im Monat.[57]

---

[51] Vgl.: http://sz-media.sueddeutsche.de, abgerufen am 12.02.2015.
[52] Vgl.: http://de.statista.com, abgerufen am 12.02.2015.
[53] Vgl.: http://www.agof.de, abgerufen am 12.02.2015.
[54] Vgl.: http://de.statista.com, abgerufen am 12.02.2015.
[55] Vgl.: http://www.agof.de, abgerufen am 12.02.2015.
[56] Vgl.: http://de.statista.com, abgerufen am 12.02.2015.
[57] Vgl.: http://www.agof.de, abgerufen am 12.02.2015.

3.3 Detailllerte Beschreibungen von Printmedien

3.3.1 Zeitungen

Zeitungen sind ein Massenmedium aus dem Bereich der Printmedien und werden anhand von drei Wesensmerkmalen als solche klassifiziert.

- **Periodizität:** regelmäßige, fortgesetzte Erscheinungsweise
- **Aktualität:** tägliche/ wöchentliche Nachrichtenübermittlung
- **Universalität:** keine thematischen Einschränkungen dürfen vorhanden sein[58]

Abbildung 8 zeigt auf wie Zeitungen zusätzlich nach verschiedenen Kriterien differenziert werden.

Erscheinungs-weise	Regionale Verbreitung	Vertriebsart	Inhaltliche Ausrichtung
Tageszeitung	Lokal	Kaufzeitung	Publizistische Zeitung
Wochenzeitung	Regional	Straßenverkaufs-zeitung	Supplement
Sonntagszeitung	Überregional	Abonnement-zeitung	Anzeigenblatt

Abbildung 9: Zeitungskriterien[59]

Beispielhaft hierfür ist die in München herausgegebene regionale Tageszeitung „TZ". Sie wird als Kauf-, Straßenverkaufs- und Abonnementzeitung vertrieben und ihre inhaltliche Ausrichtung entspricht einer publizistischen Zeitung. (Boulevard Zeitung)
Anhand der Grafik ist zu erkennen, dass sie in ihrer Erscheinungsweise, regionalen Verbreitung und inhaltlichen Ausstattung klar auf ein Kriterium festgelegt ist. Beim Vertrieb verwendet der Herausgeber alle verfügbaren Kanäle um das Printmedium zu verkaufen.

---

[58] http: wirtschaftslexikon.gabler.de, abgerufen am 05.5.2015.
[59] Eigene Darstellung in Anlehnung an: wirtschaftslexikon.gabler.de, abgerufen am 03.03.2015.

3.3.2 Zeitungsformate

Zeitungsformate beschreiben die Größe (Breite x Höhe) einer Zeitung im geschlossenen Format. Die heutigen Größen der gängigen Formate wurde Anfang der 70er Jahre festgelegt und im Jahr 2006 nochmal modifiziert. Die Norm sollte die Zusammenarbeit zwischen der Wirtschaft sowie den Zeitungsverlagen und Druckereien beim Schalten von Anzeigen erleichtern und zu einem einheitlichen Sprachgebrauch bezüglich der Abmessungen führen.

Die Norm beinhaltet drei Hauptformate in der Zeitungsherstellung:

1) **Nordisches Format**: 534 x 377,5 (Süddeutsche Zeitung, Bild)
2) **Rheinisches Format**: 490 x 330 (Berliner Zeitung)
3) **Berliner Format**: 435 x 285,5 (Badische Zeitung, taz)[60]

Weitere gängige Zeitungsformate sind das Halbe Berliner Format mit einer Größe von 305mm x 225mm, das Halbe Schweizer Format, das 330mm x 240mm groß ist, sowie das Format Talboid mit einer Größe von 315mm x 235mm oder 400mm x 285mm.[61]

3.3.3 Zeitschriften

Zeitschriften sind Printmedien die in gleichmäßigen oder ungleichmäßigen Abständen in gleicher Form erscheinen. Oft wird dabei auch der Begriff Magazin verwendet. Im Gegensatz zu Zeitungen sind sie nicht so deutlich auf Nachrichten ausgelegt, sondern behandeln die Hintergründe zu aktuellen Themen.[62]

Wie Zeitungen müssen Zeitschriften drei Wesensmerkmale vorweisen, um dieser Bezeichnung gerecht zu werden.

1) **Periodizität**: regelmäßige, fortgesetzte Erscheinungsweise
2) **Publizität**: öffentlicher Zugang zum Medium
3) **Disponibilität**: freie Verfügbarkeit nach Ort und Zeit[63]

---

[60] Vgl.: die-zeitungen.de, abgefragt am 09.03.2015.
[61] Vgl.: deutsche-tageszeitungen.de, abgefragt am 09.03.2015.
[62] Vgl.: http://www.uni-protokolle.de, abgefragt am 12.03.2015.
[63] Vgl.: http://wirtschaftslexikon.gabler.de, abgerufen am 12.03.2015.

3.4 Aufbau und Struktur der digitalen Nachrichtenmedien

Unter digitalen Medien werden Kommunikationsmedien verstanden, die auf der Basis digitaler Informations- und Kommunikationstechnologin, z.B das Internet, funktionieren.[64] Dazu zählen technische Geräte zur Digitalisierung, Verarbeitung, Speicherung und Darstellung von Content.[65] Die Geräte werden in zwei Kategorien unterschieden, zum Einen der Bereich Mobile und zum Anderen der Bereich Online. Mobile Geräte sind beispielweise Smartphones und Tablets, Online Geräte sind u. a. Computer und Laptops. In dem folgenden Abschnitt werden der Mobile und Online Bereich sowie die Geräte kurz beleuchtet. Zudem wird ein Blick auf das Online Angebot von Zeitungen geworfen welche als Darsteller des Inhaltes, dem sog. Content, von Nachrichten fungieren. Für einen besseren Vergleich werden die digitalen Angebote der Bild-Zeitung als Beispiel verwendet.

3.4.1 Aufbau der mobilen Nachrichtenmedien am Beispiel Bild.de

Um aktuelle Nachrichten digital und mobil zu konsumieren existieren zwei gängige Geräte.

Smartphones
Smartphones sind Mobiltelefone mit erweitertem Funktionsumfang. Zu diesem Spektrum zählen Telefonie, Internetzugang, E-Mail sowie Aufnahme und Wiedergabe audiovisueller Inhalte.
Tablets
Tablets sind tragbare Computer, die über keine Hardware-Tastatur verfügen und lediglich über einen berührungsempfindlichen Bildschirm gesteuert werden.
Bei beiden Geräten können zusätzlich Applikationen (Apps) durch den Konsumenten installiert werden.[66]
Da der Aufbau von Apps und Websites der mobilen Nachrichtenmedien sich nicht unterscheidet, werden diese im Verlauf zusammen dargestellt.

---

[64] Vgl.: Engel, Knaus (2014) S.24.
[65] Vgl.: Kemper, Mentzer, Tillmans (2012), S.36.
[66] Vgl.: http://wirtschaftslexikon.gabler.de, abgerufen am 10.03.2015.

3.4.1.1 App

Heutzutage existieren rund 450 Applikationen von Zeitungsverlagen für Smartphones und Tablets. Dabei sind zwei Drittel kostenpflichtig.[67] Zusätzlich gibt es noch zahlreiche Apps von TV-Sendern und Websites die keine Printmedien produzieren.

Abbildung 9 zeigt den Aufbau der Bild-Zeitung App. Auf der linken Startseite (werden die elf aktuellsten News und ein Newsticker dargestellt. Scrollt der Konsument nach unten gelangt er zu den Nachrichten in den einzelnen Kategorien. Zusätzlich gibt es im rechten unteren Eck einen Menü Button. Wie in Abbildung NR. (Mitte) zu sehen ist, sind dort alle Kategorien aufgeführt. Mit einem Fingerdruck auf ein Symbol erreicht der Konsument die gewünschte Kategorie, in diesem Beispiel das Fachgebiet Politik. Der Aufbau ist exakt gleich zur Startseite und man gelangt mit einer weiteren Berührung zu dem gesuchten Artikel.

Eine weitere Besonderheit gegenüber den Printmedien ist der Videobereich. Hier werden Videos zu aktuellen Nachrichten zur Verfügung gestellt. Der Aufbau ist ebenso wie im Bereich Politik, der Startseite angeglichen.

Abbildung 10: Screenshot Bild App: Startseite, Menü, Politik[68]

---

[67] Vgl.: http://www.bdzv.de, abgerufen am 12.03.2015.
[68] Eigene Darstellung in Anlehnung an: Bild App, abgerufen am 10.03.2015.

Zusätzlich werden, wie in Abbildung 9 dargestellt, am unteren Rand die Kategorien Schlagzeilen und ePaper angeboten. Wenn der Konsument Schlagzeilen auswählt gelangt er zu den aktuellsten Nachrichten. Mit einem Druck auf ePaper werden dem Leser die zwölf aktuellsten gedruckten Zeitungen als digitale Version angeboten.

Abbildung 11: Screenshot Bild App: Schlagzeilen, ePaper[69]

Das Herunterladen der Bild App ist kostenlos. Die Nutzung hingegen ist nur für Konsumenten möglich, die in Besitz eines gültigen BILDplus-Abos sind.

3.4.1.2 Mobile Website

Nachrichtenwebsites bei mobilen Medien weisen nur geringe Unterschiede zu dem Aufbau einer Nachrichten App auf. In der Regel stellen die Zeitungsverlage Websites bereit, die auf die Benutzung mit einem mobilen Gerät ausgelegt sind.

---

[69] Eigene Darstellung in Anlehnung an: Bild App, abgerufen am 10.03.2015.

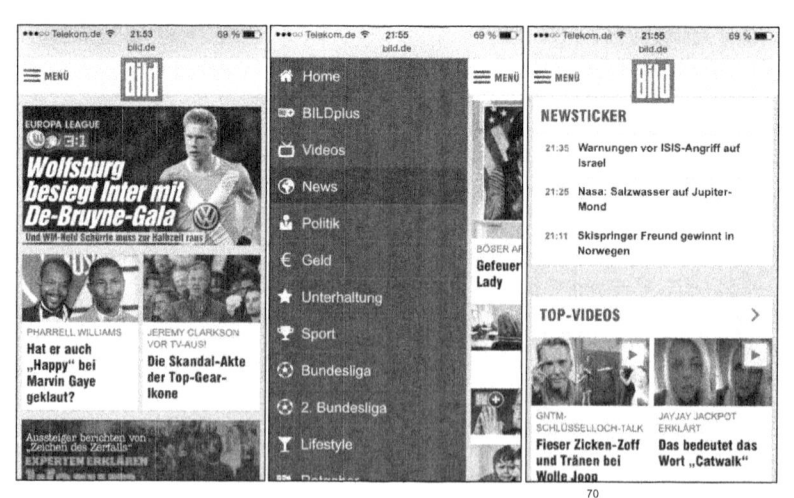

Abbildung 12: Screenshot Bild.de Website: Startseite, Menü, Newsticker & Video

Abbildung 10 zeigt die Startseite der Website www.bild.de, aufgerufen auf einem mobilen Endgerät. Die aktuellsten und wichtigsten Nachrichten und Informationen werden hier angezeigt. Scrollt der Konsument weiter abwärts werden ihm alle Kategorien und die jeweiligen Top-Meldungen angezeigt.

In der linken oberen Ecke befindet sich der Menü-Button. Wählt der Leser diesen aus, gelangt er direkt zu einer Übersicht aller Kategorien (Mitte). Mit einem weiteren Fingerdruck wird der Konsument zu der gewünschten Kategorie weitergeleitet. Die Verbindung dauert hier länger als bei der App, da bei jeder neuen Auswahl die Website neu geladen wird.

Im Gegensatz zur App ist die Website, bis auf die BILDPlus Angebote, kostenlos. Die ePaper Funktion wird hier nicht angeboten.

3.4.1.3 Online Website

Der Aufbau einer Nachrichtenwebsite bei Computern oder Laptops unterscheidet sich nicht stark von dem Aufbau einer mobilen Nachrichtenwebsite. Wie in der Abbildung aufgezeigt, ist die Startseite fast identisch aufgebaut. Einziger Unterschied ist die Menüleiste über den aktuellen Nachrichten. Wie beschrieben gelangt der Leser mit einem Klick zu der gewünschten Kategorie.

---

[70] Eigene Darstellung in Anlehnung an: Bild.de Mobile-Website, abgerufen am 12.03.2015.

Der Content steht wie auf der mobilen Website, bis auf die BILDPlus Artikel, kostenlos zur Verfügung.

Abbildung 13: Screenshot Online-Website Bild.de, Startseite, Menüleiste [71]

3.5 Print vs. Digital

Die Einführung von digitalen Medien hat den Zeitungs- und Zeitschriftenmarkt stark verändert. Im folgenden Kapitel soll die Marktentwicklung im digitalen Zeitalter betrachtet werden.

Ein weiter Vergleichspunkt zwischen den beiden Medien ist die unterschiedliche Finanzierung. Diese wird ebenfalls dargestellt und genauer beschrieben.

3.5.1 Marktentwicklung im digitalen Zeitalter

Print

In Deutschland wurden im Jahr 2014 pro Auflage 16,8 Mio. Tageszeitungen, 1,76 Millionen Wochenzeitungen und 2,8 Mio. Sonntagszeitungen verkauft. Dies waren bei allen drei Zeitungsarten die niedrigsten Verkaufszahlen in den letzten 20 Jahren.

---

[71] Eigene Darstellung in Anlehnung an: Bild.de Online-Website, abgerufen am 15.03.2015

Im Anschluss des letzten Konzentrationsprozesses hatten die Tageszeitungen eine verkaufte Auflage von 27,3 Mio. Stück täglich. Dieser Wert reduzierte sich kontinuierlich bis zum Jahr 2007 wo die verkaufte Auflage nur noch bei 20,8 Mio. Ausgaben lag. Der Verkauf von Tageszeitungen hat sich in diesem Zeitraum um ca. 20% gesenkt. Zusätzlich hat sich bis zum Jahr 2014 die täglich verkaufte Auflage nochmals um ca. 23%, auf 16,8 Mio. Exemplare reduziert.

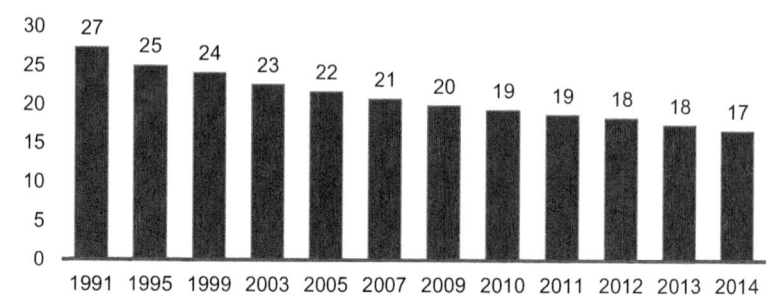

Jahr	1991	1995	1999	2003	2005	2007	2009	2010	2011	2012	2013	2014
Auflage	27	25	24	23	22	21	20	19	19	18	18	17

Abbildung 14: Entwicklung der verkauften Auflage der Tageszeitungen in Deutschland in ausgewählten Jahren von 1991 bis 2014[72]

---

[72] Eigene Darstellung in Anlehnung an: http://de.statista.com, abgefragt am 06.03.2015.

Digital

Entwicklung der Unique User ausgewählter Nachrichtenwebsites (in Mio.) Zeitraum 2005 - 2014

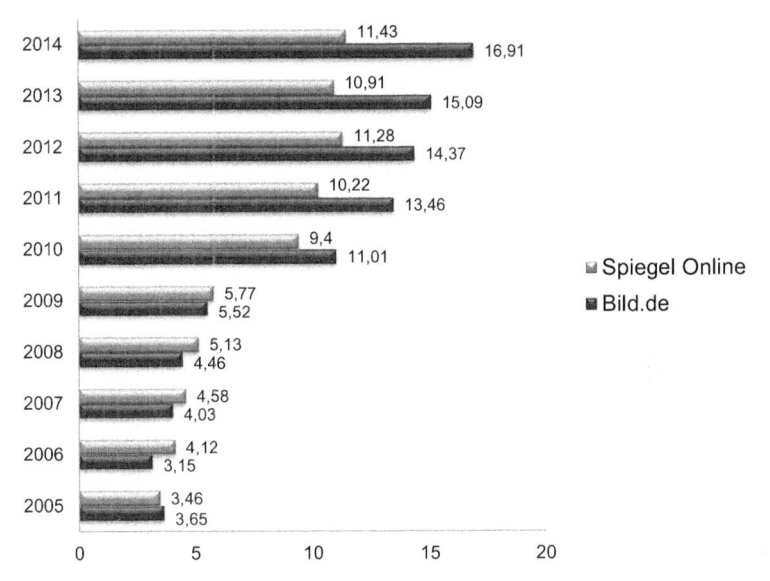

Jahr	Spiegel Online	Bild.de
2014	11,43	16,91
2013	10,91	15,09
2012	11,28	14,37
2011	10,22	13,46
2010	9,4	11,01
2009	5,77	5,52
2008	5,13	4,46
2007	4,58	4,03
2006	4,12	3,15
2005	3,46	3,65

Abbildung 15: Entwicklung der Unique User ausgewählter Nachrichtenwebsites (in Mio.) 2005 - 2014[73]

Zu Beginn der Erfassung von im Jahr 2005 erreichten die beiden damaligen Marktführer SPIEGEL Online und Bild.de zusammen einen Wert 7,11 Mio. Unique Usern pro Monat. Dieser Wert ist kontinuierlich gestiegen und erreichte im Jahr 2014 mit kumulierten 28,34 Mio. seinen vorläufigen Höhepunkt. Prozentual gerechnet bedeutet dies einen Anstieg von fast 400%.

Zusammenfassung

Betrachtet man diese beiden Abbildungen zusammen lässt sich keine Verbindung zwischen den sinkenden Verkaufszahlen von Tageszeitungen und der gewachsenen Anzahl an Unique Usern bei Nachrichtenwebsites erkennen. Bereits vor der Implementierung von Websites fielen die Auflagen der Tageszeitungen. Als bei den digitalen Medien im Jahr 2010 die Unique

---

[73] Eigene Darstellung in Anlehnung an: http://www.agof.de, abgerufen am 14.03.2015.

User deutlich um 180% anwuchsen, reduzierte sich die verkaufte Auflage gegenüber dem Vorjahr lediglich um 3%.

Grundsätzlich ist nicht auszuschließen, dass die Entwicklung der Auflage von Tageszeitungen keinen Zusammenhang mit dem digitalen Zeitalter hat, jedoch sind die Hauptgründe andere und die digitalen Medien haben wenn nur einen marginalen Anteil.

3.5.2 Finanzierung

Am Medienmarkt gibt es eine so große Vielfalt von Finanzierungsarten. Generell lassen sich Erlöse im Printsektor über die Werbefinanzierung, das Abonnement und den Einzelkauf generieren.[74]

Im Online Bereich stehen den Zeitungsverlagen drei grundlegende Finanzierungsmöglichkeiten zur Verfügung.

Diese werden im folgenden Kapitel aufgezeigt und detailliert erklärt.

3.5.2.1 Printmedien

Bei den gedruckten Medien werden dem Konsumenten viele verschiedene Produkte teils entgeltlich und unentgeltlich zur Verfügung gestellt, dabei werden Anzeigenblätter bis zur Haustür geliefert oder regionale Zeitschriften zur kostenlosen Mitnahme in Kneipen oder Kinos ausgelegt. Dieser Teil der Medien finanziert sich ausnahmslos über die gedruckte Werbung.

Der andere Teil der Printindustrie, wie z.B. die meisten Zeitungs- und Zeitschriftenverlage, setzt sich aus einem gemischten Modell aus Verkaufserlösen und Werbeeinnahmen zusammen um die laufenden Kosten zu decken. Wie in der folgenden Grafik aufgezeigt teilen sich die Kosten für eine Zeitungsausgabe prozentual folgendermaßen auf.

---

[74] Vgl.: Röhr (2003), S. 4

Erlöse / Kosten

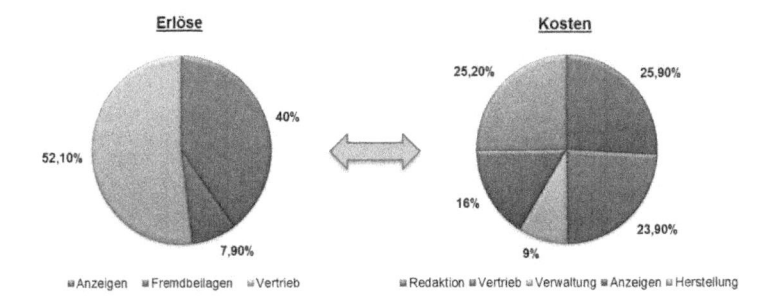

Erlöse: Anzeigen 40%, Fremdbeilagen 52,10%, Vertrieb 7,90%
Kosten: Redaktion 25,20%, Vertrieb 25,90%, Verwaltung 23,90%, Anzeigen 9%, Herstellung 16%

Abbildung 16: Kosten- und Erlösmodell von Printmedien[75]

Medienunternehmen haben, wie in Abbildung 12 dargestellt wird, zwei unterschiedliche Wege um die Kosten für eine Zeitung bzw. Zeitschrift zu finanzieren. Dem Unternehmen steht auf der einen Seite der Werbemarkt und auf der anderen Seite der Leser- bzw. Nutzermarkt zur Verfügung.

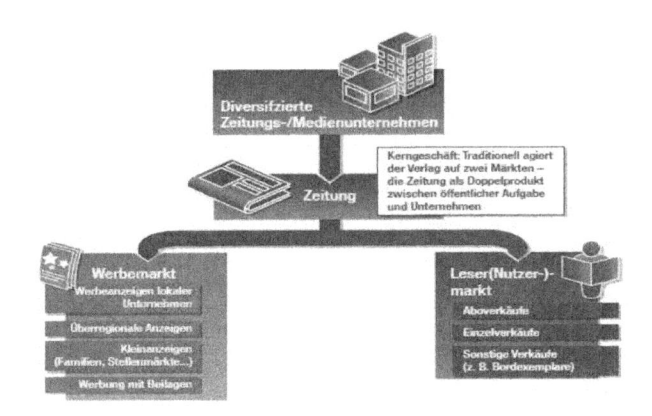

Abbildung 17: Werbe- und Lesermarkt von Zeitungen[76]

Werbemarkt

Bis zu dem Jahr 2000 boomte die Werbung in Zeitungen jahrzehntelang und Medienunternehmen erwirtschafteten dabei zwei Drittel ihres Gesamtumsatzes mit Anzeigen. In ihrem erfolgreichsten Jahr konnten alle

---
[75] Eigene Darstellung in Anlehnung an: http://www.bpb.de, abgerufen am 12.03.2015.
[76] Vgl.: http://www.bpb.de, abgerufen am 12.03.2015.

Verlage zusammen einen Umsatz von 6,6 Mrd. € erreichen. Zu Beginn des 21. Jahrhunderts verschlechterte sich die Wirtschaftskonjunktur. Unternehmen senkten ihr Werbebudget deutlich und daraus folgte ein Zusammenbruch des Werbemarkts. Für Zeitungsverlage entstand fast zur gleichen Zeit ein weiteres Problem. Die Entdeckung des Internets als Werbebranche führte zu der Entwicklung eines Konkurrenten im Anzeigengeschäft von Immobilien und KFZ-Handel. Dieses Rubrikengeschäft hat die Zeitungsbranche weitgehend verloren und dementsprechend fehlen heutzutage diese Einnahmen.[77] So ist der Umsatz bis zum Jahr 2013[78] auf 2,9 Mrd. € gesunken.

Trotzdem trägt Werbung weiterhin einen erheblichen Teil zur Finanzierung von Medienunternehmen bei, wirkt zusätzlich als Sponsor und sorgt für geringe Verkaufspreise.[79]

3.5.2.2 Digitale Medien

Im Online-Zeitungsgeschäft gibt es verschiedene Möglichkeiten zur Erlösgenerierung. Wie in Abbildung 13 dargestellt können Gewinne aus dem Verkauf von Produkten (über Online-Shops), Online-Werbung und Paid Content generiert werden. Diese drei Arten der Erlösgenerierung sind derzeit die stärksten Einnahmequellen von Zeitungsverlagen im Internet. Daneben können zusätzliche Einnahmen aus dem Verkauf von Internet-Dienstleistungen und bezahlter Inhalte (Paid Content) geschaffen werden.[80] Bezahlte Inhalte sind beispielhaft elektronische Zeitungen, kostenpflichte Online-Archive, Fachinformationen wie Testberichte und Special Interest Inhalte. Ebenfalls kann durch Syndication bezahlter Inhalt verkauft werden. Dabei verkaufen Anbieter bestimmte Inhalte an andere Webseiten, die dadurch zweitverwertet werden.[81]

---

[77] Vgl.: http://www.bpb.de, abgerufen am 10.03.2015.
[78] Vgl.: http://meedia.de, abgerufen am 10.03.2015.
[79] Vgl.: http://www.bpb.de, abgerufen am 12.03.2015.
[80] Vgl.: Breunig (2005) S. 410.
[81] Vgl.: Hofmann, Meier (2007) S.86.

```
                        ┌──────────────────┐
                        │   Erlösquellen   │
                        └──────────────────┘
        ┌───────────────────────┼───────────────────────┐
┌───────────────┐      ┌──────────────────┐    ┌──────────────────┐
│ Onlinewerbung │      │    Verkauf von   │    │   Inhalte und    │
│   (Banner,    │      │     Produkten    │    │     Dienste      │
│ Suchmaschinen-│      │ (E-Commerce,     │    │ (Paid Content,   │
│ Marketing u.a.)│     │ Online-Shopping) │    │ Paid Service,    │
│               │      │                  │    │  Syndication)    │
└───────────────┘      └──────────────────┘    └──────────────────┘
```

Abbildung 18: Erlösquellen im Internet[82]

Zusätzlich zu den oben genannten Einnahmequellen benötigen die Online-Seiten ebenso wie die gedruckten Zeitungen Werbeeinahmen um Wettbewerbsfähig zu bleiben. Probleme entstehen in diesem Finanzierungsbereich durch die unbegrenzte Verfügbarkeit von Werbeflächen im Internet. Werbekunden zahlen für Online-Anzeigen weniger Geld als für vergleichbare Anzeigen im Beriech Print. Um ausreichend Erlöse durch Werbeinnahmen generieren zu können wird eine große Reichweite benötigt. Zu beachten ist dabei, dass einzelne Nutzer wenig Ertrag bringen, aber in der Summe von Bedeutung sind.[83]

Bis zum Jahr 2013 konnten sich die Werbeeinahmen von Online-Zeitungen auf 1,5 Mrd. € steigern.

3.5.2.3 Paid Content

Paid Content ist die „Bezeichnung für Inhalte aller Art, die über digitale Verbreitungswege wie das Internet oder über mobile Dienste gegen Barzahlung verfügbar gemacht werden." Auf der einen Seite kommen als Bezahlmöglichkeiten transaktionsunabhängige Abonnement-Modelle in Betracht auf der anderen Seite transaktionsabhängige Modelle, bei denen ein Konsument für jeden einzelnen Content-Artikel gesondert bezahlt. Zwar

---

[82] Eigene Darstellung in Anlehnung an: Breunig (2005) S. 410.
[83] https://netzwerkrecherche.org, abgerufen am 09.02.2015

hat sich Paid Content in den letzten Jahren im Businness-to-Business-Bereich durchgesetzt, im Business-to-Consumer-Sektor hingegen muss es sich den Problemen von mangelnder Akzeptanz und Kannibalisierung durch verfügbare kostenlose Angebote stellen.[84]

Im folgendem wird das Hauptaugenmerk auf die drei am häufigsten, in der Online-Nachrichtenbranche, genutzten Modelle gelegt.

Freemium Model

Der Begriff „Freemium" ist eine Zusammensetzung aus den Wörtern „free" und „premium". Bei diesem Modell werden bestimmte Inhalte und Artikel auf einer Website oder in einer App durch die Verwendung einer Bezahlschranke kostenpflichtig gemacht. Dieser Inhalt ist aus der Sicht des Zeitungsherausgebers so exklusiv, dass Konsumenten bereit sind für diese zu bezahlen. Die Idee hinter diesem Modell ist, dass der Kunde durch das kostenlose Bereitstellen von Grundinformationen, Interesse an den exklusiven bzw. hochwertigeren Artikeln auf der Website bekommt.[85]

Mittlerweile verwenden 62 Zeitungsverlage in Deutschland auf ihren Websites das Freemium Modell. Die erste Zeitung die diesen Ansatz verfolgte war die überregional erscheinende Bild-Zeitung mit ihrem Modell Bild-Plus. Im Juni 2013 wurde dieses System eingeführt und zu Beginn wurden 20% der Inhalte kostenpflichtig zur Verfügung gestellt. Der Anteil an gebührenpflichtigen Artikeln soll sukzessive erhöht werden, um Kunden so zum Abschluss eines Abonnements zu bewegen. Hinter dieser Bezahlschranke befinden sich auf der Website Exklusivberichte, Interviews, Fotos und weite Teile der Sportberichterstattung. Nach Bild.de-Chef Manfred Hart wird ein Verhältnis von jeweils 50 zu 50, frei zugänglichem und kostenpflichtigem Inhalt, als realistisch für die Zukunft angesehen. Dem Konsument stehen derzeit drei monatlich kündbare Abonnementmodelle zur Wahl. In der teuersten und größten Variante für 14,99 € im Monat kann der Nutzer die Website, die App, das aktuelle E-Paper, die gedruckte Version der Bild-Zeitung, sowie die Bundesliga bei BILD verwenden.[86]

---

[84] http://wirtschaftslexikon.gabler.de, abgerufen am 09.02.2015.
[85] Vgl.: Breyer-Mayländer (2015) S. 89.
[86] Vgl.: bild.de, abgerufen am 09.02.2015.

Metered Model

Bei dem „Metered Model" werden kostenpflichtige Inhalte dem Konsumenten bis zu einer bestimmten Anzahl von Artikeln kostenlos zugänglich gemacht. Durch diese Möglichkeit kann sich der Nutzer ein genaues Bild von der Qualität der Inhalte machen, die ihn interessieren. Wenn dieses Kontingent aufgebraucht ist, wird in der Regel der Kunde zu einer kostenfreien Registrierung aufgerufen, welche ein zusätzliches Freikontingent beinhaltet. Sollte dieses Kontingent ebenfalls aufgebraucht sein, wird er zu einem Abonnement aufgefordert. Die Anzahl der gelesen Artikel wird über Cookies gemessen. Dieses Modell arbeitet demnach mit flexiblen Bezahlschranken. Die Idee hinter diesem System ist, dass alle Artikel der Website grundsätzlich für den Nutzer interessant sind. Die Herausgeber erwarten, dass der Konsument mehr davon haben möchte, sollte er sie erst einmal kennengelernt haben und regelmäßig nutzen.

Ein Vorteil ist hier, dass Gelegenheitsnutzer von der Bezahlung nichts mitbekommen. Zudem bleibt in der Regel jeder Inhalt frei zugänglich und der Verlag kann weiterhin an den Werbeerlösen partizipieren. Durch dieses Modell wird versucht treue Intensivnutzer zu zahlenden Kunden zu machen. In Deutschland setzten ca. 30% der Zeitungstitel auf dieses Modell. Im Schnitt sind dabei 17 Inhalte im Monat frei zugänglich. Seit Dezember 2012 setzt als einzig überregionale Zeitung „Die Welt" auf dieses System. Hier sind für den Leser die ersten 20. Artikel kostenlos, ab dem 21. müssen die Nutzer ein Abonnement abschließen um weiterhin die Inhalte zu nutzen. Das teuerste Angebot kostet 14,99 € und beinhaltet freien Zugang zu allen Inhalten auf der Website und der App sowie eine täglich gedruckte Ausgabe der Zeitung.[87]

Harte Bezahlschranke

Die harte Paywall ist die strengste Form der drei vorgestellten Varianten. Nur die Hompeage und einzelne Übersichtsseiten mit Vorschauen sind für jeden frei sichtbar, alles andere kann nur von einem Abonnementen eingesehen werden. Der Herausgeber der Zeitung ist überzeugt dass der Konsument die Qualität der Inhalte kennt und zu schätzen weiß. Dieses Modell eignet sich

---

[87] Vgl.: www.axelspringer.de, abgerufen am 07.03.2015.

für Verlage die auf der einen Seite ihren Kern auf den Erhalt der gedruckten Zeitung legen und auf der anderen Seite sich an einer defensiven Digitalstrategie orientieren. Durch diese verhaltende Strategie nutzen Online-Portale das Marketingpotenzial von Google- und Social Media-Traffic und die Kraft von kostenlosen Leseproben nicht.[88]
In Deutschland wird das Modell der harten Bezahlschranke nur von 5% der Verlage verwendet. Ein Beispiel hierfür wäre die Rhein-Zeitung. Der Konsument muss für das Lesen der Inhalte einen Monatspass abschließen und zahlt dafür pro Monat 23,00€. Hier stehen ihm dann die Website, ePaper und App für Smartphone und Tablet zur Verfügung.[89]

Die folgende Abbildung stellt für einen besseren Vergleich die Beispiele der verschiedenen Modelle noch einmal dar.

	Freemium	Metered Model	Harte Bezahlschranke
Häufigkeit in Deutschland	60%	35%	5%
Artikel zur freien Verfügung	Ca. 50-80%	15-20 Artikel im Monat	Keine
Bekannteste Zeitung	BILD-Zeitung	Süddeutsche Zeitung	Rhein-Zeitung
Abonnement Vergleich			
Inhalt	- Website - App - E-Paper - Printausgabe - Bundesliga bei BILD	- Website - App - Printausgabe	- Website - App - E-Paper
Preis pro Monat	14,99 €	14,99 €	23,00 €

Abbildung 19: Vergleich Freemium, Metered Model, harte Bezahlschranke[90]

---

[88] Vgl.: Breyer-Mayländer (2015) S.88.
[89] Vgl.: https://digital.rhein-zeitung.de, abgefragt am 11.03.2015.
[90] Eigene Darstellung.

4. Empirische Erhebung

4.1 Empirische Erhebung und Untersuchungsziel

Das Ziel der empirischen Untersuchung in der vorliegenden Arbeit ist es, die theoretische Untersuchung in die Praxis zu übertragen und das Verhalten der Konsumenten, in Bezug auf Nachrichtenmedien im digitalen Zeitalter, zu analysieren. Untersucht werden Meinungen, Verhalten und Einstellungen von Lesern bei gedruckten Medien bzw. online bereit gestelltem Content.

4.2 Hypothesenentwicklung

Im folgenden empirischen Teil der Arbeit soll mit Hilfe der aufgeführten Hypothesen dargestellt werden, wie deutlich das digitale Zeitalter das Konsumentenverhalten beeinflusst.

Da Werbung einen erheblichen Teil zur Finanzierung beiträgt und die Umsätze der Verlage in den letzten Jahren rückläufig sind, erfolgt eine Untersuchung bei welchem Medium Werbung stärker verfolgt wird. Anhand der Entwicklung von immer kontinuierlich sinkenden Verkaufszahlen im Printsektor, wird zusätzlich untersucht ob die Printmedien in wenigen Jahren vom Aussterben bedroht sind. Des Weiteren wird die Abhängigkeit untersucht, wenn der Proband Wert auf eine ständige Aktualisierung legt, ob er in 10 Jahren sich mit dem Smartphone über Nachrichten informiert.

Hypothesen

1. Die Mehrheit (> 50%) der Probanden konsumiert mehr Nachrichten seitdem sie ein Smartphone besitzen.

2. Die Mehrheit (> 50%) der Probanden informiert sich in 10 Jahren überwiegend über
    a) Fernsehen
    b) Smartphone
    c) Browser
    d) Radio
    e) Zeitung.

3. Die Mehrheit (> 50%) der Probanden liest Nachrichten heutzutage ausschließlich Online und mit ihrem Smartphone (mobile).

4. Die Mehrheit (> 50%) der Probanden informieren sich nie oder selten über ein Werbeangebot nachdem sie es in einem
   a) digitalen Medium
   b) Printmedium gesehen haben.

5. Je mehr Wert ein Proband auf die permanente Aktualisierung von Nachrichten legt, desto eher benutzt der Proband in zehn Jahren sein Smartphone als Medium um sich über Nachrichten zu informieren.

4.3 Die Erhebungsmethodik

Dieses Kapitel beschäftigt sich mit der Erhebungsmethode und beschreibt diese eingehend. Der erste Schritt ist die Vorstellung des Fragebogeninhalts. Im zweiten Schritt wird die Messung der zu erhebenden Merkmale umfangreich aufgeführt. Im Anschluss wird die Durchführung des Pre-Tests erläutert. Im letzten Schritt wird die umgesetzte Stichprobe vorgestellt.

4.3.1 Der Fragebogeninhalt

Der Fragebogen wurde aus 19 Fragen zusammengestellt. Die Gefahr einer Suggestivwirkung, und einer daraus resultierenden ungenauen und für die Erhebung unklaren Antwort, wurde durch die überwiegende Verwendung von geschlossenen Fragen umgangen.[91] Die Fragen wurden leicht verständlich gestellt und waren auch ohne Hintergrundwissen zu beantworten. Somit konnte ein durchgängiges Verständnis bei allen Teilnehmern garantiert werden.

Auf der ersten Seite des Fragebogens wurde das Thema vorgestellt und erläutert. Dadurch hatte jeder Proband das benötigte Basiswissen für die Erhebung. Im Anschluss wurden im Hauptteil der Umfrage 14 Sachfragen zu persönlichem Verhalten bei Nachrichtenmedien gestellt.

---

[91] Vgl.: Lang et ali. (2003), S. 61.

Die Fragen zur Demografie wurden am Ende des Fragebogens gestellt. Dabei wurde nach folgenden Informationen gefragt:

- Alter
- Geschlecht
- Bundesland
- Derzeitiges Arbeitsverhältnis
- Beziehungsstatus

4.3.2 Der Pretest

Ein Verfahren bei dem die empirische Erhebung auf ihre Verwendbarkeit überprüft wird, wird Pretest genannt. Auftretende Schwierigkeiten hinsichtlich der Fragenstellung oder der Antwortmöglichkeiten konnten so im Vorfeld erkannt und ausgeräumt werden. Zusätzlich wurde bei dem Pretest die technische Funktionalität für die gängigen Standardbrowser (z.b. Mozilla Firefox und Google Chrome) und Geräte (z.b. Smartphone und Laptop) untersucht. Im Anschluss wurden die erhobenen Daten in das Statistikprogramm SPSS importiert und analysiert. Rechtschreibfehler, Unverständlichkeiten und fehlende Erklärungen wurden entfernt und verbessert. An diesem Pretest nahmen 15 Probanden teil.

4.3.3 Die Durchführung der Umfrage

Um die Grundgesamtheit angemessen widerzuspiegeln wurden vom Verfasser drei Vertriebskanäle gewählt. Des Weiteren war ein wichtiger Bestandteil der Umfrage, dass die Mehrheit der Probanden im Besitz eines Computers bzw. Laptops und eines Smartphones ist. Aus diesem Grund lag das Hauptaugenmerk des Verfassers darin, Probanden im Alter zwischen 18 – 30 Jahren zu akquirieren, da in dieser Altersspanne die höchste Wahrscheinlichkeit für den Besitz der oben genannten Geräte bestand.

- die Umfrage wurde, mit der Bitte der weiteren Verbreitung, auf der Social Media Plattform Facebook veröffentlicht
- Darüber hinaus wurde der Link für den Fragbogen an zehn ausgewählte Personen per Nachricht auf das Smartphone geschickt,

ebenfalls mit der Bitte diesen an Freunde und Bekannte weiter zu leiten.

- Als dritte Option zur Verbreitung der Umfrage wurde über den E-Mail Verteiler der Hochschule Hof eine Einladung zur Teilnahme verschickt. Diese enthielt den direkten Link zu dem Fragebogen.

Der Erhebungszeitraum war vom 26. Oktober 2014 bis zum 23. November 2014 und wurde mit Hilfe der Internetseite www.soscisurvery.de durchgeführt. In dieser Zeit nahmen insgesamt 358 Probanden erfolgreich an der Umfrage teil.

4.4 Soziodemografische Daten

Durch den Einsatz der univariaten Datenanalyse wird die Auswertung der soziodemografischen Daten durchgeführt. Mit Hilfe der Häufigkeitsverteilung und deren visualisierten Auswertung können die Merkmalsausprägungen einer Variablen dargestellt werden. Es wird dadurch ein erster Überblick über die Teilnehmer ermöglicht.

Die Analyse der Stichprobe hat ergeben dass 184 (51,40%) weibliche und 174 (48,60%) männliche Probanden an der Umfrage teilgenommen haben.

Im nächsten Schritt wird die Häufigkeitsverteilung der Teilnehmer nach ihrer Altersstruktur untersucht. Wie in der folgenden Abbildung zu sehen ist, verteilt sich der größte Teil der Probanden auf die Altersklasse 22 – 25 Jahre mit 42,80 %. Von 18 – 21 Jahre nahmen 36,30% der Teilnehmer an der Erhebung teil. Die restlichen 20,90% teilen sich in den Altersklassen von 26 – 29 Jahre (16,20%) und über 30 Jahre (4,70%) auf.

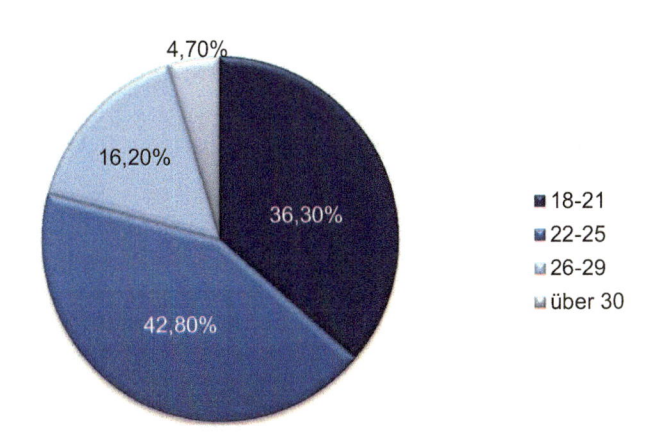

Abbildung 20: Altersverteilung der Umfrage[92]

Des Weiteren wurden die Probanden nach ihrem derzeitigen Beziehungsstatus befragt. 50,40%% der Probanden waren während ihrer Befragung in einer Beziehung und stellen somit den größten Anteil. Die

---

[92] Eigene Darstellung.

zweitstärkste Fraktion mit 47% waren die Singles. Mit 2,60% haben die verheirateten und geschiedenen nur einen marginalen Anteil.

Im nächsten Schritt wurde mit Hilfe der Häufigkeitsverteilung die Frage nach der derzeitigen Berufssituation gestellt. Dabei haben die Studenten mit 88,00% den größten Anteil. Dieser Umstand lässt sich vor allem dadurch erklären, dass die Umfrage an alle Studenten der Hochschule Hof verschickt wurde. Die Arbeitnehmer haben mit 10,01% den zweitgrößten Anteil. Die verbleibenden 0,9% setzten sich aus Schülern, Arbeitgebern, Rentnern und Arbeitslosen zusammen.

Im letzten Schritt wurde bei den soziodemografischen Daten das Bundesland abgefragt. Die Mehrheit der Probanden fühlt sich dem Bundesland Bayern zugehörig. Gründe für dieses Ergebnis lassen sich zum einen dadurch erklären, dass der Verfasser selbst aus Bayern stammt und zum anderen durch das Versenden der Umfrage an alle Studenten der Hochschule Hof.

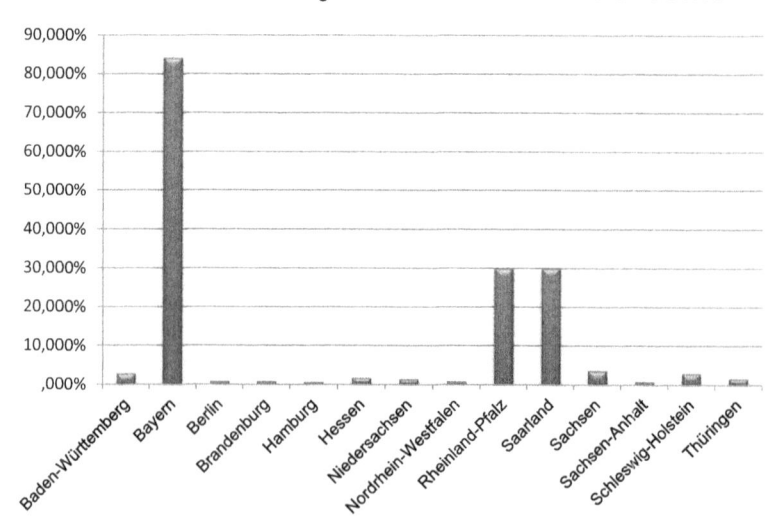

Abbildung 21: Zugehörigkeit der Probanden nach Bundesland[93]

---

[93] Eigene Darstellung.

4.5 Hypothesenprüfung und Ergebnisdarstellung

Hypothese 1

Die Mehrheit (> 50%) der Probanden konsumiert mehr Nachrichten seitdem sie ein Smartphone besitzen.

Mit der Markteinführung von Smartphones bestand erstmals die Möglichkeit sich über Nachrichten unabhängig von Ort und Zeit, solange eine Internetverbindung besteht, zu informieren. Mit der aufgestellten Hypothese soll die Erkenntnis gewonnen werden, wie deutlich das Smartphone den Konsum von Nachrichten beeinflusst und verändert hat. Unter Einbeziehung der Häufigkeitsanalyse wurde mit Hilfe der univariaten Datenanalyse die Hypothese ausgewertet.

In der Umfrage gaben 60,60% der Probanden an, dass sie mehr Nachrichten konsumieren seitdem sie im Besitz eines Smartphones sind. Damit kann die Hypothese gestützt werden da sie besagt, dass mehr als 50% der Probanden häufiger Nachrichten konsumieren seitdem sie ein Smartphone besitzen.

Den zweitgrößten Anteil mit 29,30% haben die Teilnehmer die die Menge ihres Nachrichtenkonsums nicht veränderten. Dabei besitzen 4,50% der Teilnehmer kein Smartphone bzw. 5,60% haben ihren Nachrichtenkonsum verringert, wie in der folgenden Abbildung zu erkennen ist.

Diese Ergebnisse zeigen eine starke Transformation, in der Konsummenge von Nachrichtenmedien durch die Markteinführung des Smartphones und die daraus resultierende Entwicklung der Nachrichtenbranche, auf.

Pie chart values:
- 4,50%
- 5,60%
- 29,30%
- 60,60%

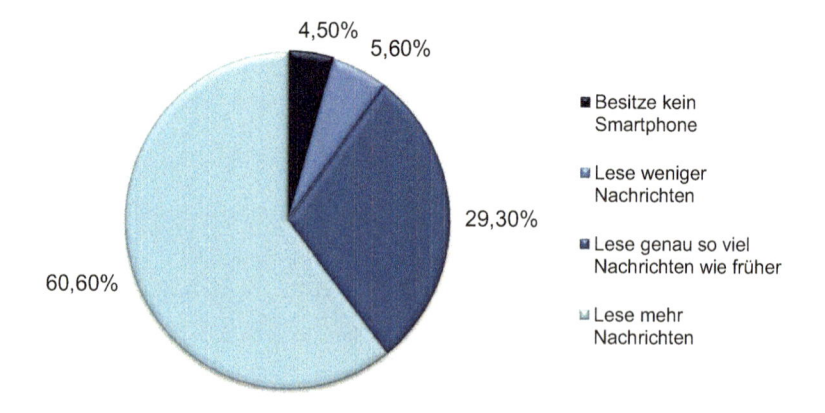

Legend:
- Besitze kein Smartphone
- Lese weniger Nachrichten
- Lese genau so viel Nachrichten wie früher
- Lese mehr Nachrichten

Abbildung 22: Veränderung bei Nachrichten seit Smartphone[94]

Hypothese 2

Die Mehrheit (> 50%) der Probanden informiert sich in 10 Jahren überwiegend über

a. Fernsehen
b. Smartphone
c. Browser
d. Radio
e. Zeitung

Ziel dieser Hypothese war es herauszufinden, welches der genannten Medien in zehn Jahren am wahrscheinlichsten von den Probanden genutzt wird. Dabei wurden die derzeit am häufigsten genutzten Medien als Auswahlmöglichkeiten vorgegeben. Eine Mehrfachauswahl war möglich. Das Smartphone wird demnach in zehn Jahren das häufigste Mittel zur Nachrichtengewinnung sein. In der Umfrage hat es dabei den Höchstwert von 82,70% Probanden erreicht und somit kann die Hypothese 2b) für Smartphones gestützt werden.

Der zweithöchste Anteil setzt sich zusammen aus der Kombination von PCs und Laptops. Hier entschieden sich 70,90% der Teilnehmer dafür, dass sie

---

[94] Eigene Darstellung.

auf einem der beiden Geräte den Browser als Nachrichtenmedium in Zukunft nutzen werden. Mit diesem Ergebnis ist diese aufgestellte Hypothese 2c) ebenfalls gestützt worden.

Die Auswertung der ersten beiden Antwortmöglichkeiten zeigt dabei deutlich auf, dass in der Zukunft die digitalen Medien im Nachrichtensektor weiterhin an Bedeutung gewinnen werden.

Mit 52,80% landet das Fernsehen auf dem dritten Platz und wird auch weiterhin von der Mehrheit der Konsumenten in Zukunft genutzt werden. Somit kann die Hypothese 2a) ebenfalls verifiziert werden.

Die Hypothese 2d) und 2e) kann im Hinblick auf die Ergebnisse der Umfrage verworfen werden. Das Radio (32,40%) und die Zeitung (31,80%) werden von den Probanden zwar weiterhin als Nachrichtenmedium genutzt, jedoch liegt ihre Nutzungspräsenz deutlich hinter den oben genannten Medien zurück.

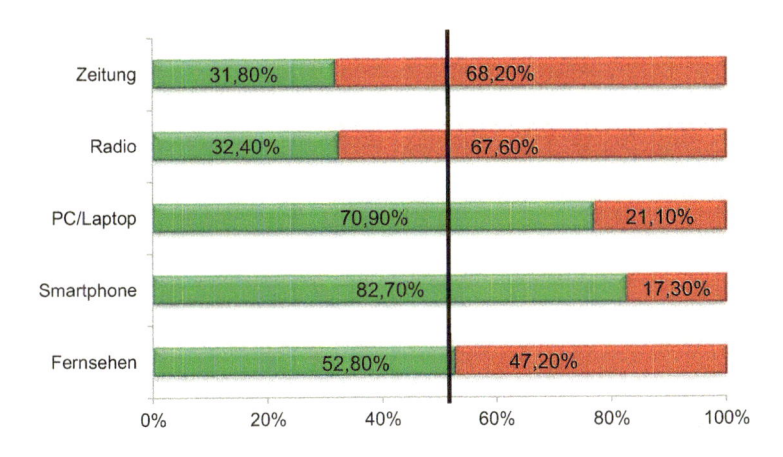

Medium	Ja	Nein
Zeitung	31,80%	68,20%
Radio	32,40%	67,60%
PC/Laptop	70,90%	21,10%
Smartphone	82,70%	17,30%
Fernsehen	52,80%	47,20%

Abbildung 23: Welches Medium wird in 10 Jahren am häufigsten genutzt [95]

---

[95] Eigene Darstellung.

Hypothese 3

Die Mehrheit (> 50%) der Probanden liest Nachrichten heutzutage ausschließlich Online und mit ihrem Smartphone (mobile).

Anhand dieser Hypothese wird untersucht, wie viele Probanden überhaupt Printmedien noch nutzen oder ob dies von der Mehrheit bereits mit dem ausschließlichen Gebrauch der digitalen Medien abgelöst wurde.
Den Teilnehmern der Erhebung wurde dabei die Frage gestellt mit welchen Medien sie sich heutzutage über das aktuelle Nachrichtengeschehen informieren. Eine Mehrfachauswahl war hier möglich.
Jedes digitale Medium, das zur Auswahl angegeben wurde, erreichte dabei die Mehrheit von über 50%. Das von den Konsumenten insgesamt am stärksten genutzte Nachrichtenmedium ist der Browser am PC bzw. Laptop (77,40%). Dem Browser folgen innerhalb des digitalen Bereichs die Smartphone App (50,60%) und der Smartphone Browser (52,20%). Dieses Ergebnis stützt den ersten Teil der Hypothese, dass die Mehrheit der Probanden das Smartphone für das Lesen von Nachrichten nutzt. Um die Hypothese komplett zu stützen müssten weniger als 50% der Umfrageteilnehmer die Zeitung als Nachrichtenmedium verwenden. Die Printmedien erreichen jedoch einen Wert von 56,40%, wodurch die Hypothese verworfen werden muss. Zusätzlich bedeutet dieses Ergebnis, dass Zeitungen bzw. Zeitschriften heutzutage häufiger genutzt werden als Apps bzw. der Browser die auf einem Smartphone zur Verfügung gestellt werden.
Eine weitere Auswahlmöglichkeit war das E-Paper. Dieses wird jedoch nur von 3,60% der Probanden genutzt und ist für die Hypothese nicht weiter von Bedeutung.

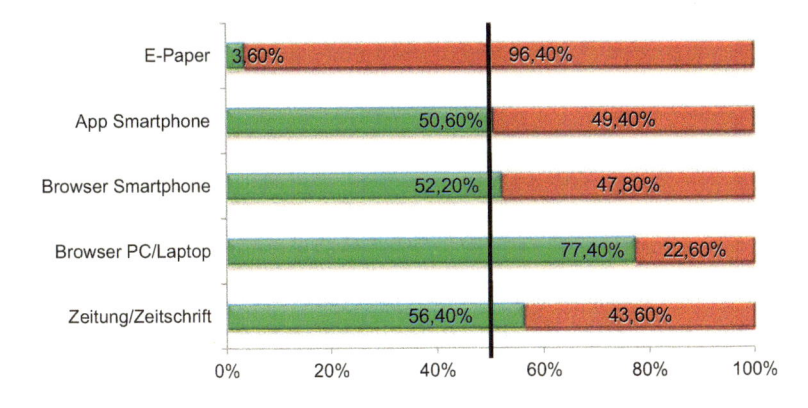

E-Paper	3,60%	96,40%
App Smartphone	50,60%	49,40%
Browser Smartphone	52,20%	47,80%
Browser PC/Laptop	77,40%	22,60%
Zeitung/Zeitschrift	56,40%	43,60%

Abbildung 24: Nachrichten werden heutzutage ausschließlich Online und mit dem Smartphone gelesen[96]

Hypothese 4

Die Mehrheit (> 50%) der Probanden informiert sich nie oder selten über ein Werbeangebot nachdem sie es in einem

a) digitalen Medium
b) Printmedium gesehen hat.

Die Effektivität von Werbung innerhalb der jeweiligen Medien sollte, unter dem Aspekt der Nutzung von Werbeanzeigen der Probanden, anhand dieser Hypothese untersucht werden. Dafür wurde die Frage gestellt wie oft Probanden eine Werbeanzeige weiterverfolgen wenn sie diese in einer Zeitung oder auf einer Website bzw. App angezeigt bekommen. Die Auswahlmöglichkeiten „nie" und „selten" wurden für diese Hypothese gewählt, da der Verfasser der Ansicht war dass die Konsumenten die Werbeanzeigen oft wahrnehmen, aber nur wenig bis gar nicht weiterverfolgen.

Bei den digitalen Medien wählten die Probanden, wie bereits vermutet, am häufigsten die Auswahlmöglichkeiten „nie" und „selten" aus. Zusammen erreichen diese beiden einen Wert von 57,00%. Somit kann die Hypothese

---

[96] Eigene Darstellung

4a) gestützt werden. Die weiteren Ergebnisse sind zur Vollständigkeit in der folgenden Grafik dargestellt.

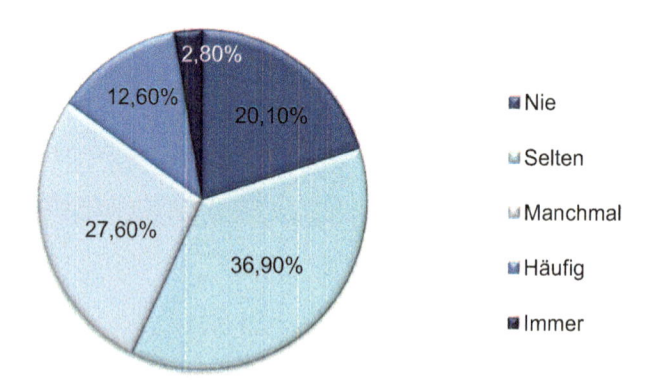

[Kreisdiagramm: 2,80%; 12,60%; 20,10%; 27,60%; 36,90%]

■ Nie
⊔ Selten
⊔ Manchmal
■ Häufig
■ Immer

Abbildung 25: Nutzung von Werbeanzeigen digitaler Medien[97]

Bei den Printmedien erreichte die Auswahlmöglichkeit „nie" einen Prozentsatz von 29,10%. Mit zusätzlich ausgewählten 47,20% bei der Alternative „selten", erreichten diese beiden Variablen zusammen einen Wert von 76,30%. Mit diesem kumulierten Ergebnis wird die Hypothese 4b) gestützt.

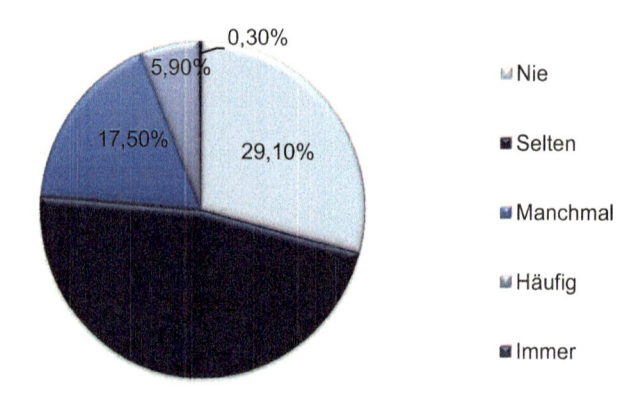

[Kreisdiagramm: 0,30%; 5,90%; 17,50%; 29,10%]

⊔ Nie
■ Selten
■ Manchmal
⊔ Häufig
■ Immer

Abbildung 26: Nutzung von Werbeanzeigen in Printmedien[98]

---
[97] Eigene Darstellung.

Werden die beiden aufgestellten Hypothesen zusammen betrachtet, ist deutlich zu erkennen dass in den digitalen Medien häufiger Werbeanzeigen verfolgt werden als in Printprodukten. Eine mögliche Erklärung ist die deutlich leichtere Verfolgung des Werbeangebots bei den digitalen Medien. Hier reicht oft ein Klick auf die Werbeanzeige für weitere Informationen.

Hypothese 5

Je mehr Wert ein Proband auf die permanente Aktualisierung von Nachrichten legt, desto eher benutzt der Proband in zehn Jahren sein Smartphone als Medium um sich über Nachrichten zu informieren.

Um die Hypothese zu analysieren, wurde eine Korrelationsanalyse nach Pearson mit den Variablen der dreizehnten und vierzehnten Frage durchgeführt. Für die Frage, worauf der Proband bei Nachrichteninformationsdiensten Wert legt, wurde die Antwortmöglichkeit „permanente Aktualisierung" ausgewählt. Um den zukünftigen Zusammenhang herauszufinden, wurde bei der Frage, wie der Proband in zehn Jahren seine Nachrichten lesen wird, das Smartphone ausgewählt da hier die Möglichkeit einer ständigen Aktualisierung besteht.

Die Intension der Analyse ist die Stärke des Zusammenhangs zwischen den einzelnen Variablen herauszufinden, die sich in der Höhe des Korrelationseffizienten widerspiegelt. Der Koeffizient kann maximal die Werte -1 und +1 annehmen. Die Veränderung einer der Variablen hat dabei in der Regel eine Wirkung auf die andere Variabel. Die Signifikanz ist dabei die Messgröße, welche die Wahrscheinlichkeit eines systematischen Zusammenhangs zwischen den Variablen bezeichnet. Sie sagt aus ob der Zusammenhang zufällig ist oder mit hoher Wahrscheinlichkeit tatsächlich vorliegt.[99] Falls eine Signifikanz von gleich Null erreicht wird, spricht man von höchst signifikanten Ergebnissen.

Das Ergebnis der durchgeführten Analyse ergab bei einem höchst signifikanten Ergebnis von 0,000 den Korrelationskoeffizienten 0,217.

---

[98] Eigene Darstellung.
[99] Vgl.: http://www.univie.ac.at, abgerufen am 23.02.2015.

Mit diesem Resultat wird die Hypothese bestätigt. Der Koeffizient von 0,217 bedeutet zudem, dass eine leichte bis mittlere Abhängigkeit zwischen den beiden Variablen besteht.

4.6 Kritische Betrachtung der Erhebungsmethode

Um festzustellen ob die angewandte Erhebungsmethode die richtige war, ist im Anschluss an die empirische Erhebung eine kritische Auseinandersetzung notwendig.

Durch die vom Verfasser gewählte Online-Umfrage, konnte eine Beeinflussung der Probandenantworten ausgeschlossen werden. Des Weiteren wurde durch die gewählte Online-Umfrage, kein Zeitdruck bei der Beantwortung der Fragen ausgelöst. Die Probanden konnten selbst entscheiden, wie lange sie für eine Frage benötigen. Somit kann von einer überlegten und nicht unter Stress entstandenen Antwort ausgegangen werden. Ein zusätzlicher Vorteil war die anonyme Befragung, auf die der Verfasser im Erklärungstext hinwies. Aus organisatorischer Sicht war die Entscheidung für eine Online-Umfrage ebenfalls die richtige Entscheidung. Über 350 persönlich geführte Interviews wären nur mit einem extrem hohen Zeitaufwand möglich gewesen. Dieser war im Rahmen der Arbeit nicht gegeben.

Die Schwachpunkte der Online-Umfrage sollten aber nicht vernachlässigt werden. Eine kontrollierte Verteilung war bis zu einem gewissen Grad möglich. Erst mit der Aufforderung die Umfrage auch an Freunde und Bekannte zu verschicken, konnte die Verteilung nicht weiter kontrolliert werden. Ein weiterer Nachteil waren mögliche Verständnisprobleme während der Umfrage. Die Fragen wurden aus diesem Grund möglichst einfach gestellt.

Zusammenfassend ist festzustellen, dass die Vorteile die Nachteile der Erhebungsmethode deutlich überwiegen. Die Methode der Online-Umfrage war für die Erhebung die richtige Entscheidung.

4.7 Ergebnisdiskussion und Handlungsempfehlung

Im folgenden Kapitel werden die erarbeiteten Hypothesen analysiert und mit Handlungsempfehlungen für Unternehmen versehen. Zu beachten ist dabei dass die Werte sich ausschließlich auf, die durch die Umfrage erlangten Ergebnisse beziehen.

Die Ergebnisse der ersten und dritten Hypothese deuten darauf hin, dass die Konsumenten immer häufiger digitale Geräte nutzen werden um sich über aktuelle Nachrichten zu informieren.

Allein 60,60% der Probanden steigerten ihren Nachrichtenkonsum, seitdem sie ein Smartphone besitzen. Zwar nutzen heutzutage nur 51,40% der Konsumenten ein Smartphone um sich über Nachrichten zu informieren, werden es in 10 Jahren bereits 82,70% sein. Durch dieses starke Wachstum wird sich das Smartphone zum Nachrichtenmedium Nummer eins in Deutschland entwickeln. Dieses Ergebnis bedeutet für Zeitungsverlage eine noch deutlichere Fokussierung auf das mobile Nachrichtenangebot. Websites und Apps müssen dabei kontinuierlich weiter entwickelt und an die Ansprüche von Konsumenten angepasst werden.

Zusätzlich ergaben die Hypothesen zwei und drei dass die Printmedien 24,60% ihrer Konsumenten verlieren werden. Herausgeber sollten sich somit auf weiter sinkende Auflagen einstellen. Eine Möglichkeit dem entgegenzuwirken wäre das kombinierte Angebot von digitalen Medien und Printmedien weiter zu intensivieren.

Die dritte Hypothese zeigt des Weiteren auf, dass das ePaper nur von 3,60% der Konsumenten genutzt wird. Zeitungsverlage sollten bei diesem Medium überlegen ob das Angebot noch weiter zur Verfügung gestellt werden sollte.

Die Frage bei welchem Medium Werbung effektiver ist wurde mit Hypothese Nr. vier beantwortet. Werden die Ergebnisse von Printmedien und digitalen Medien zusammen betrachtet, lässt sich erkennen, dass wenn ein Konsument eine Werbeanzeige weiter verfolgt dies deutlich wahrscheinlicher bei einem digitalen Medium geschieht. Gründe hierfür können auf der einen Seite die personalisierten Anzeigen durch Cookies sein und auf der anderen Seite die deutlich leichtere Verfolgung der Werbeanzeige. Möchte der Konsument sich über eine Werbung detaillierter informieren, reicht bei den digitalen Medien ein Klick bzw. Fingerdruck auf die Anzeige. Der Link hinter dem Werbebanner führt ihn dabei direkt zum Angebot. Bei einer Anzeige in einem Printmedium muss der Leser erstmal das Produkt suchen und kann sich im Anschluss informieren.

Eine Möglichkeit für Unternehmen dies zu verbessern, wäre die Verknüpfung von Printanzeigen und digitalen Geräten. Der Automobilhersteller AUDI wendet dabei QR-Codes auf seinen Werbeanzeigen in Printmedien an.[100] Diesen Code muss der Konsument nur mit einer entsprechenden App fotografieren und erhält sofort alle weiteren Informationen zu diesem Produkt. Weitere Möglichkeiten wären die Platzierung einer URL-Adresse oder eines Hashtags in der Anzeige.

---

[100] Vgl.: https://lowette.wordpress.com, abgefragt am 14.03.2015.

5. Fazit

Ziel der vorliegenden Arbeit war es mit Hilfe einer empirischen Erhebung herauszufinden wie das Verhalten von Konsumenten sich bei Nachrichtenmedien im digitalen Zeitalter verändert hat. Ein Fokus wurde dabei auf die Print- und digitalen Medien gelegt.

Zu Beginn die entscheidende Erkenntnis, die digitalen Medien haben das Konsumentenverhalten deutlich verändert. Mit der Entwicklung des Smartphones werden aktuelle Nachrichten heutzutage zu jeder Tageszeit und an jedem Ort gelesen. Diese Möglichkeiten sind mit Sicherheit ein entscheidender Faktor, dass viele Konsumenten heutzutage mehr Nachrichten konsumieren als früher. Das bedeutete für die Verlage, dass sie ihr Nachrichtenangebot ständig aktualisieren müssen. Um den gestiegenen Konsum zu befriedigen, wurden Online-Redaktion erschaffen und weitere Journalisten eingestellt. Um diese zusätzlichen Kosten aufzufangen, entwickelten die Verlage verschiedene Bezahlmodelle für ihre Websites und Apps. Hier wird sich noch in den nächsten Jahren herausstellen müssen, wie Konsumenten diese annehmen.

Eine weitere wichtige Frage die es zu beantworten gilt ist, ob das Printmedium aussterben wird. Diese soll mit Hilfe des „Rieplschen Gesetz" beantwortet werden. Es besagt, „dass die einfachsten Mittel, Formen und Methoden, wenn sie nur einmal eingebürgert und brauchbar befunden sind, auch von den vollkommensten und höchst entwickelten niemals wieder gänzlich und dauernd verdrängt und außer Gebrauch gesetzt werden können, sondern sich neben diesen erhalten , nur dass sie genötigt werden, andere Aufgaben und Verwertungsgebiete aufzusuchen."[101]

Dieses Gesetz ist mittlerweile über 100 Jahre alt, aber auf die heutige Situation eins zu eins anwendbar. Die digitalen Medien sind in jeder Hinsicht vollkommener und entwickelter als das Printmedium. Die Aufrufe von Websites werden in den nächsten Jahren weiter steigen und die Auflagenzahlen von Tageszeitungen werden weiter sinken. Dennoch werden diese beiden Medien weiterhin koexistieren, da das Printmedium sich zu stark in unserer Gesellschaft verankert hat.

---

[101] Riepl (1913), S. 4f.

Anhang

Lieber Teilnehmer,

ich studiere derzeit Betriebswirtschaft an der Hochschule Hof und bräuchte bezüglich einer Umfrage, für meine Bachelorarbeit, deine Unterstützung.

Einmal am Tag Zeitung lesen, wie konnten wir das früher nur aushalten...? Vor noch wenigen Jahren informierten wir uns über Nachrichten ausschließlich in Zeitungen/Zeitschriften (Printmedien), Radio und Fernsehen. Heutzutage hat sich dieses Spektrum, dank des Internets, stark erweitert. Mit PC's, Laptops und Smartphones haben wir heute jederzeit, egal wo wir uns gerade befinden, die Möglichkeit uns über die aktuellsten Nachrichten zu informieren.

In meiner Umfrage möchte ich dabei herausfinden wie stark und in welchen Bereichen die digitalen Medien unser Verhalten geändert haben.

Ich würde mich freuen wenn Du mich bei meiner Umfrage unterstützt und den folgenden Fragebogen beantwortest. Da ich außerdem eine große Anzahl an Teilnehmern benötige wäre es super wenn Du den Fragebogen teilen würdest.

Die Umfrage ist selbstverständlich komplett anonym und wird maximal 10 Minuten in Anspruch nehmen.

1. Wie häufig informierst Du dich über Nachrichten bei den unten genannten Informationsdiensten in Printmedien (Zeitung/Zeitschrift)?

	nie	1-2 mal im Monat	1 mal pro Woche	3-4 mal pro Woche	täglich
Bild	○	○	○	○	○
Die Zeit	○	○	○	○	○
Frankfurter Allgemeine Zeitung	○	○	○	○	○
Die Welt	○	○	○	○	○
Die Süddeutsche Zeitung	○	○	○	○	○
Das Focus-Magazin	○	○	○	○	○
Der Spiegel	○	○	○	○	○
Der Stern	○	○	○	○	○
Regionalzeitung	○	○	○	○	○

2. Wie häufig informierst Du dich über Nachrichten bei den genannten Informationsdiensten in digitalen Medien (Online/mobile)?

	nie	1-2 mal im Monat	1 mal pro Woche	3-4 mal pro Woche	täglich
Bild	○	○	○	○	○
Die Zeit	○	○	○	○	○
Frankfurter Allgemeine Zeitung	○	○	○	○	○
Die Welt	○	○	○	○	○
Die Süddeutsche Zeitung	○	○	○	○	○
Das Focus-Magazin	○	○	○	○	○
Der Spiegel	○	○	○	○	○
Der Stern	○	○	○	○	○
Regionalzeitung	○	○	○	○	○

V

3. Welche Medien nutzt Du um dich über aktuelle Nachrichten zu informieren?

Mehrfachauswahl möglich

☐ Zeitungen/Zeitschriften
☐ Online-Browser am PC/Laptop
☐ Browser Smartphone
☐ App Smartphone
☐ ePaper

4. Wieviel Zeit verbringst Du täglich mit dem Lesen von Nachrichten in den jeweiligen Medien? (Bitte gib die Zeit in Minuten an)

Zeitung
Browser PC/Laptop
Smartphone

5. Wie hat sich dein Leseverhalten bei Nachrichten seit dem Besitz eines Smartphones verändert?

○ Ich lese weniger Nachrichten
○ Ich lese genau so viel Nachrichten wie früher
○ Ich lese mehr Nachrichten
○ Ich besitze kein Smartphone

6. Followst oder Likst Du Nachrichteninformationsdienste auf Facebook, Twitter und Co.? Falls ja, welche sind dies?

Mehrfachauswahl möglich

☐ Bild
☐ Focus
☐ Spiegel
☐ Die Welt
☐ Süddeutsche Zeitung
☐ Stern
☐ Andere
☐ Keine

VI

7. Nutzt Du für die Informationsgewinnung auch regelmäßig Onlineanbieter, welche kein Printmedium anbieten? Falls ja, in welchem Bereich sind diese tätig?

Mehrfachauswahl möglich

- [ ] Sport
- [ ] Unterhaltung
- [ ] Politik
- [ ] News
- [ ] Lifestyle
- [ ] Gesundheit
- [ ] Finanzen/Geld
- [ ] Wirtschaft
- [ ] Nein, nutze ich nicht

8. Wie wirst Du auf einen neuen Nachrichtendienst (Bild, Die Zeit usw.) aufmerksam?

Mehrfachauswahl möglich

- [ ] Familie & Freunde
- [ ] TV
- [ ] Internet
- [ ] Werbeplakate
- [ ] Probe-Abonnements
- [ ] Einmalige Leseproben
- [ ] Social Media

9. Wie häufig liest Du Nachrichten in den unten genannten Örtlichkeiten? (Bitte teile 100% auf die 5 Antwortmöglichkeiten auf)

Zu Hause	
U-Bahn/Bus/Zug	
Arbeitsplatz	
Universität/Schule	
Öffentliche Orte	
Prozent	0

10. Wie stehst Du zu Werbung in Printmedien?

○ Ich finde es gut, dass ich durch die Werbung das Printmedium kostenlos/billiger nutzen kann
○ Ich finde es selbstverständlich dass Werbung gezeigt wird
○ Wenn auf Werbung verzichtet werden würde, wäre ich bereit etwas/mehr zu bezahlen
○ Mir ist Werbung egal

11. Wie stehst Du zu Werbung bei digitalen Medien (online/mobile)?

○ Ich finde es gut, dass ich durch die Werbung das Angebot kostenlos/billiger nutzen kann
○ Ich finde es selbstverständlich dass Werbung gezeigt wird
○ Wenn auf Werbung verzichtet werden würde, wäre ich bereit etwas/ mehr zu bezahlen
○ Mir ist Werbung egal

12. Wie häufig informierst Du dich über ein Werbeangebot nachdem du es gesehen hast?

	Nie	selten	manchmal	häufig	immer
Printmedien	○	○	○	○	○
Digitale Medien	○	○	○	○	○

13. Worauf legst Du bei Nachrichteninformationsdiensten wert?

Mehrfachauswahl möglich

☐ Permanente Aktualisierung
☐ Bilder, Grafiken
☐ Videos
☐ Informationsgehalt

14. Was denkst Du, mit welchen Medien wirst Du dich in 10 Jahren über Nachrichten informieren?

Mehrfachauswahl möglich

☐ Zeitung
☐ Browser PC/Laptop
☐ Smartphone
☐ Fernsehen
☐ Radio
☐ Andere _____

VIII

Sie haben es gleich geschafft! Nur noch ein paar Fragen für statistische Zwecke!

15. Wie alt bist Du?

Jahre alt

16. Was ist dein Geschlecht?

○ weiblich
○ männlich

17. Welchem Bundesland fühlst du dich zugehörig?

○ Baden-Württemberg
○ Bayern
○ Berlin
○ Brandenburg
○ Bremen
○ Hamburg
○ Hessen
○ Mecklenburg-Vorpommern
○ Niedersachsen
○ Nordrhein-Westfalen
○ Rheinland-Pfalz
○ Saarland
○ Sachsen
○ Sachsen-Anhalt
○ Schleswig-Holstein
○ Thüringen

18. Wie ist dein derzeitiges Arbeitsverhältnis?

○ Student
○ Arbeitnehmer
○ Schüler
○ Arbeitgeber
○ Arbeitslos
○ Rentner

19. Was ist dein derzeitiger Beziehungsstatus?

○ Single
○ In einer Beziehung
○ Verheiratet
○ Geschieden

Literaturverzeichnis

Agof (2015)

http://www.agof.de/studienarchiv-internet-2014/, abgefragt am 15.03.2015.

Agof (2015)

http://www.agof.de/studienarchiv-internet/, abgefragt am 15.03.2015.

Agof (2015)

http://www.agof.de/angebotsranking/, abgefragt am 12.02.2015.

Axelspringer Mediapilot (2015)

http://www.axelspringer-mediapilot.de/portrait/BILD-BILD_671014.html, abgfragt am 12.02.2015.

Axelspringer Mediapilot (2015)

http://www.axelspringer-mediapilot.de/portrait/DIE-WELT-Online-DIE-WELT-Online_673854.html, abgefragt am 12.02.2015.

Axelspringer Mediapilot (2015)

http://www.axelspringer-mediapilot.de/portrait/DIE-WELT-DIE-WELT_671154.html, abgefragt am 12.02.2015.

BDZV (2015)

http://www.bdzv.de/maerkte-und-daten/zeitungslandschaft/, abgefragt am 12.03.2015.

Beyer-Mayländer, T. (2015)

Vom Zeitungsverlag zum Medienhaus: Geschäftsmodelle in Zeiten der Medienkonvergenz, Wiesbaden, 2015.

BILD.de (2015)

http://www.bild.de/corporate-site/ueber-bild-de/bild-de/artikel-ueber-bild-de-17520982.bild.html, abgefragt am 12.02.2015.

Blackwell R.D. (2006)

Consumer Behaviour, Chicago, 2006.

Bock, M. (1989)

Druckmedium und Fernsehen im Wirkungsvergleich, Tübingen, 1989

BPB (2015)

http://www.bpb.de/gesellschaft/medien/lokaljournalismus/151250/zeitungsfinanzierung, abgefragt am 10.03.2015

BPB (2015)

http://www.bpb.de/nachschlagen/lexika/handwoerterbuch-politisches-system/40327/massenmedien?p=all, abgefragt am 06.03.2015

Breunig, C. (2008)

Paid Content im Internet - ein erfolgreiches Geschäftsmodell, in: Medienperspektiven, S. 407 – 418, 2008.

Defintion Online (2015)

http://definition-online.de/massenmedien/, abgefragt am 04.03.2015.

Deutsche Tageszeitungen (2015)

http://www.deutsche-tageszeitungen.de/pressefachartikel/uebersicht-zu-zeitungsformaten/, abgefragt am 09.03.2015.

Die Zeitungen (2015)

http://www.die-zeitungen.de/planen-buchen/zeitungsformate.html, abgerufen am 09.03.2015.

Dittmar, J. (2010)

Grundlagen der Medienwissenschaft, Berlin, 2010.

Engel, O.K. (2014)

Framediale: digitale Medien in Bildungseinrichtungen, München, 2014.

Exentos (2015)

http://www.excentos.com/de/glossar/371-kaufentscheidung-kaufentscheidungsarten, abgefragt am 01.03.2015.

Fach-Artikel (2015)

http://www.fach-artikel.de/die-bedrohten-printmedien-definition-der-zeitungskrise/, abgefragt am 06.03.2015

FAZ (2015)

https://filebox.faz.de/public/505F4B6E505D5D56545C54585F/Mediaportal/Nutzerdaten/LAE_Digitale_Newsangabote_Rangreihen.pdf, abgefragt am 12.02.2015.

Foscht, T. (2001)

Kundenloyalität, Wiesbaden, 2001.

Foscht, T.; Swoboda, B. (2011)

Käuferverhalten: Grundlagen – Perspektiven – Anwendungen, Wiesbaden, 2011.

Gröppel-Klein, A. (2008)

Konsumentenverhaltensforschung im 21. Jahrhundert, Wiesbaden, 2008

Hass, B.; Kilian, T; Walsh, G. (2011)

Web 2.0: Neue Perspektiven Für Marketing und Medien, Heidelberg, 2011.

Hofbauer G.; Sangl, A. (2011)

Professionelles Produktmanagement: Der prozessorientierte Ansatz, Rahmenbedingungen und Strategien, 2. Auflage, Erlangen, 2011.

Hofmann, J.; Meier, A. (2008)

Webbasierte Geschäftsmodelle, Heidelberg. 2008.

IQM (2015)

http://www.iqm.de/medien/online/zeit-online/media/aktuelle-themen-22/, abgefragt am 12.02.2015

Kemper, P.; Mentzer A.; Tillmanns J. (2012)

Wirklichkeit 2.0: Medienkultur im digitalen Zeitalter, Leipzig, 2012.

Knappe M.; Kracklauer, A. (2007)

Verkaufschance Web 2.0 - Dialoge fördern, Absätze steigern, neue Märkte erschließen, Wiesbaden, 2007.

Kreutzer, R. (2013)

Praxisorientiertes Marketing: Grundlagen - Instrumente – Fallbeispiele, 4. Auflage, Wiesbaden, 2013.

Kroeber Riel, W.; Gröppel-Klein, A. (2013)

Konsumentenverhalten, 10. Auflage, München, 2013.

Kühling, C; Musiol, K. (2009)

Kundebindung durch Bonusprogramme, Heidelberg, 2009.

Lang, A. et ali. (2003)

Kommunikation und Management, 2. Auflage, München, 2003.

Lowette Wordpress (2015)

https://lowette.wordpress.com/2012/03/19/explain-what-the-qr-code-will-deliver/, abgefragt am 15.03.2015.

Mahle J. (2010)

Bedeutung und Entwicklung der Printmedien im Zeitalter von Onlinemedien, München, 2010.

Meedia (2015)

http://meedia.de/2014/05/21/zaw-jahresbilanz-netto-werbeeinnahmen-der-zeitungen-im-freien-fall/, abgefragt am 10.03.2015.

Netzwerkrecherche (2015)

https://netzwerkrecherche.org/wp-content/uploads/2014/07/nr-werkstatt-18-online-journalismus.pdf, abgefragt am 09.02.2015.

Pürer, H. R. (2003)

Presse in Deutschland, Konstanz, 2003.

Rhein Zeitung (2015)

https://digital.rhein-zeitung.de/digital-abo-neukunden.html, abgefragt am 11.03.2015.

Riemenschneider, M. (2006)

Der Wert von Produktvielfalt - Wirkung großer Sortimente auf das Verhalten von Konsumenten, Wiesbaden, 2006.

Riepl, W.(1913)

Das Nachrichtenwesen des Altertums, Leipzig, 1913.

Rogall, D. (2000)

Kundenbindung als strategisches Ziel des Medienmarketing. Entwicklung eines marketingorientierten Konzeptes zur Steigerung der Leserbindung am Beispiel lokaler/regionaler Abonnementzeitungen, Marburg, 2000.

Röhr, N. (2003)

Finanzierung des Printmediums - Zur Lage der Zeitungen 2003, Norderstedt, 2003.

Spiegelgruppe (2015)

http://www.spiegelgruppe.de/spiegelgruppe/home.nsf/Navigation/B18DDD6F2CF8FE71C1256F5F00350BD0, abgefragt 11.03.2015.

Statista (2015)

http://de.statista.com/statistik/daten/studie/72084/umfrage/verkaufte-auflage-von-tageszeitungen-in-deutschland/, abgefragt am 06.03.2015.

Statista (2015)

http://de.statista.com/statistik/daten/studie/164386/umfrage/verkaufte-auflagen-von-spiegel-stern-und-focus/, abgefragt am 02.02.2015.

Statista (2015)

http://de.statista.com/statistik/daten/studie/36716/umfrage/die-groessten-zeitschriften-nach-auflage/, abgefragt am 16.03.2015.

SZ Media (2015)

http://sz-media.sueddeutsche.de/de/sueddeutsche-zeitung/uebersicht-markenwerbung.html, abgefragt am 12.02.2015.

Tonnesen, B. (2000)

Modelle des Konsumentenverhaltens, Siegen, 2000.

Uni Protokolle (2015)

http://www.uni-protokolle.de/Lexikon/Zeitschrift.html, abgefragt am 12.03.2015.

Univie (2015)

http://www.univie.ac.at/ksa/elearning/cp/quantitative/quantitative-108.html, abgefragt am 23.02.2015.

Verlag FAZ (2015)

http://verlag.faz.net/mediaportal/f-a-z/auflagen-reichweiten/spitzenkraefte-die-f-a-z-ist-die-lektuere-fuer-top-entscheider-11840327.html, abgefragt am 12.02.2015.

Wirtschaftslexikon Gabler (2015)

http://wirtschaftslexikon.gabler.de/Definition/zeitung.html, abgefragt am 06.03.2015.

Wirtschaftslexikon Gabler (2015)

http://wirtschaftslexikon.gabler.de/Definition/zeitschrift.html, abgefragt am 12.03.2015.

Wirtschaftslexikon Gabler (2015)

http://wirtschaftslexikon.gabler.de/Definition/massenmedien.html, abgefragt am 06.03.2015.

Wirtschaftslexikon Gabler (2015)

http://wirtschaftslexikon.gabler.de/Definition/massenkommunikation.html, abgefragt am 06.03.2015.

Wirtschaftslexikon Gabler (2015)

http://wirtschaftslexikon.gabler.de/Definition/kaeufer-undkonsumenteverhalten.html, abgefragt am 04.03.2015.

Witek, M. (2014)

Einkaufen bei Multichannel-Retailern, Köln, 2014.

Zeit Verlagsgruppe (2015)

http://www.zeit-verlagsgruppe.de/unternehmen/, abgefragt am 12.02.2015.